Tessloffs schlaues Antwortbuch

WIESO? WARUM? WESHALB?

Tessloff

Unsere Erde

Burgschmietstr. 2-4, 90419 Nürnberg
http://www.tessloff.com

ISBN 3-7886-0378-X

Aus dem Englischen von Dr. Erich Übelacker u.a.

Lektorat: Clare Oliver u.a.
Gestaltung der Reihe: David West Children´s Books
Design: Christina Fraser u.a.

8 Ist die Erde rund?
9 Woraus besteht die Erde?
10 Was lässt die Erde erzittern?
11 Kann man ein Erdbeben voraussagen?
12 Welche Berge speien Feuer?
13 Leben Menschen auf Vulkanen?
14 Was ist ein Tornado?
15 Warum weht der Wind?
16 Was ist die „Kerzenhalle"?
17 Wie bilden sich Tropfsteine?
18 Wo liegen die höchsten Berge?
19 Können Berge schrumpfen?
20 Wie sieht es an den Polen aus?
20 Wo liegt der kälteste Ort der Erde?
21 Wo leben Eisbären?
22 Wo beginnen Gewitter?
23 Was ist Donner?
24 Wie hoch ist der Himmel?
24 Was ist der Treibhauseffekt?
26 Wie oft regnet es im Regenwald?
26 Wo gibt es Regenwälder?
27 Wo liegt der größte Wald?
28 Wo regnet es nie?
29 Welches ist die sandigste Wüste?
29 Wie heiß sind Wüsten?
30 Woraus bestehen Wolken?
30 Wann regnet es?
31 Wie kalt ist Schnee?

Das Weltall

34 Was ist das Weltall?
34 Wann entstand das Weltall?
35 Gibt es ein Ende des Weltalls?
36 Warum tragen Astronauten Raumanzüge?
36 Warum schweben Astronauten im Weltall?
38 Wie schnell fliegen Raketen ins Weltall?
39 Wozu braucht man Raketen?
40 Was ist die Milchstraße?
41 Wie viele Sterne gibt es?
42 Woraus bestehen Sterne?

43 Warum funkeln Sterne?
43 Haben Sterne Zacken?
44 Wie viele Planeten gibt es?
45 Was unterscheidet Sterne von Planeten?
46 Warum ist die Erde ein besonderer Planet?
47 Warum verschwindet die Sonne in der Nacht?
48 Welcher Planet ist am größten?
50 Was ist ein Roter Riese?
51 Welche Sterne explodieren?
52 Was ist ein Schwarzes Loch?
54 Wie heiß ist die Sonne?
55 Wird die Sonne einmal verlöschen?
56 Welcher Planet ist am weitesten von der Sonne entfernt?
56 Wie heißt der kälteste Planet?
57 Woher kennen wir die fernsten Planeten so gut?

Geschichte

60 In welcher Mitte lag das Mittelalter?
62 Warum hatten Burgen eine Zugbrücke?
64 Warum trugen Ritter eine Rüstung?
66 Gab es auf Burgen Klos?
67 Was hielt man vom Baden?
67 Was war der schwarze Tod?
68 Warum trugen Könige und Königinnen Kronen?
69 Waren die Bauern zufrieden?
70 Warum aß man mit den Fingern?
71 Kannte man Kartoffeln?
71 Gab es schon Kaugummi?
72 Warum hatten Kirchen Türme?
73 Warum hatten Moscheen Minarette?
74 Mussten Kinder zur Schule gehen?
75 Wozu brauchten die Inka Knoten?
76 Wurde schon Fußball gespielt?
77 Was war das Narrenfest?
77 Was waren No-Schauspiele?
78 Wo lebte Robin Hood?
79 Wer war Johanna von Orléans?
79 Wer war schon als Junge ein Krieger?
80 Warum lagen Bücher an der Kette?
81 Warum wusste man nie genau, wie spät es war?

Unser Körper

84 Ist mein Körper genauso wie der von anderen Leuten?
86 Wie viele Knochen habe ich?
87 Was ist mein Musikantenknochen?
88 Warum bewege ich mich?
88 Warum haben starke Menschen große Muskeln?
89 Was ist ein Krampf?
90 Warum atme ich?
91 Woher kommt der Schluckauf?
91 Warum muss ich niesen?
92 Was tut mein Herz?
93 Wozu brauche ich Blut?
93 Wie groß ist mein Herz?
94 Warum blinzle ich?
95 Warum kann ich im Dunkeln nichts sehen?
96 Warum sind Ohren so komisch geformt?
96 Warum wird mir schwindelig, wenn ich mich drehe?
98 Wozu ist meine Nase da?
99 Wozu ist meine Zunge da?
99 Warum fallen Zähne aus?
100 Wo bleibt mein Essen?
100 Warum muss ich auf die Toilette?
101 Warum knurrt mein Magen?
102 Warum bin ich manchmal krank?
103 Was sind Bakterien?
103 Warum bekomme ich eine Spritze?
104 Woher komme ich eigentlich?
105 Was ist mein Bauchnabel?
106 Wozu ist die Haut da?
106 Wie dick ist meine Haut?
107 Was ist eine Gänsehaut?

Tiere

111 Welches ist das größte Tier?
112 Was ist der Unterschied zwischen Haien und Delfinen?
114 Was ist der Unterschied zwischen Fröschen und Kröten?
114 ... und zwischen Alligatoren und Krokodilen?
115 ... und zwischen Affen und Menschenaffen?
115 ... und zwischen Kaninchen und Hasen?
116 Welche Frösche können fliegen?
117 Welche Tiere können an der Decke laufen?
117 Welcher Fisch kann auf Bäume klettern?
118 Warum haben Tiere ein Skelett in ihrem Körper?

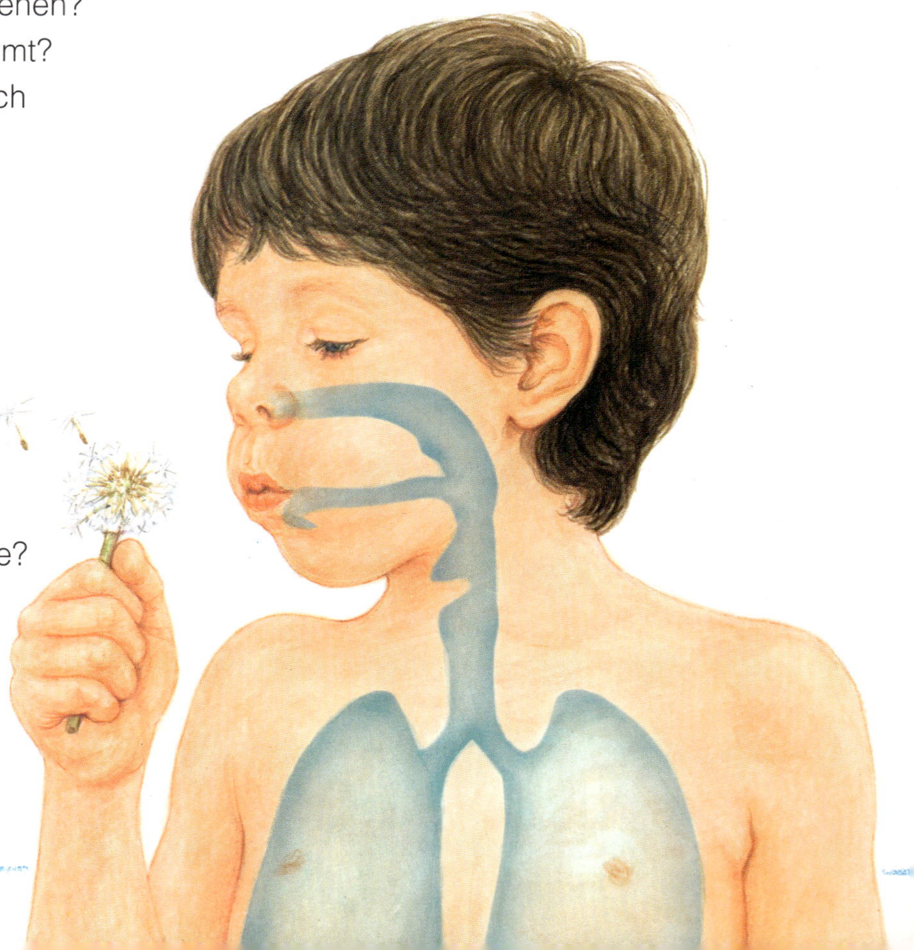

119 Welche Tiere haben ein Außenskelett?
120 Gibt es Tiere, die Menschen fressen?
120 Sind alle Schlangen giftig?
121 Sind alle Haie gefährlich?
122 Welche Tiere schießen auf ihre Beute?
123 Welche Tiere sind Blutsauger?
123 Welche Vögel fischen mit Ködern?
124 Warum stellen Opossums sich tot?
124 Welches Tier stinkt am schlimmsten?
125 Welches ist das stacheligste Tier?
126 Wie viele Ameisen kann ein Ameisenbär fressen?
127 Welches Tier benutzt seine Finger als Gabel?
127 Welches Tier ist am gierigsten?
128 Warum haben Kamele Höcker?
128 Warum haben Elefanten einen Rüssel?
129 Warum haben Giraffen einen langen Hals?
130 Welche Vögel können auch nach hinten sehen?
130 Wie können Fledermäuse im Dunkeln sehen?
131 Welche Tiere riechen mit der Zunge?

Transport und Verkehr

134 Wie weit kann ich in einer Stunde gehen?
136 Welches ist das schnellste Auto?
136 Welches ist das schnellste Boot?
137 Welches Flugzeug ist am schnellsten?
138 Warum haben Autos Räder?
139 Welches sind die größten Reifen?
139 Welche Schiffe haben Räder?
140 Warum brauchen Autos Benzin?
141 Was geschieht in einem Automotor?
142 Wie viel Mann können auf einem Motorrad fahren?
143 Gibt es Motorräder mit drei Rädern?
143 Können Motorräder fliegen?
144 Gibt es ein Flug-Fahrrad?
144 Gibt es Fahrräder fürs Gebirge?
145 Wie viele Menschen können auf einem Fahrrad sitzen?
146 Welches Flugzeug wackelt mit der Nase?
147 Können Flugzeuge die Flügel verstellen?
148 Warum kippen Züge nicht von den Schienen?
149 Was waren Planwagen?
150 Fahren Sattelzüge auf Schienen?
151 Können Züge schweben?
152 Warum sinken Schiffe nicht?
152 Wie tauchen Unterseeboote?
153 Welche Schiffe fliegen?
154 Welches sind die größten Schiffe?
154 Was waren Langschiffe?
155 Welches ist das kleinste Boot der Welt?

156 Register

Unsere Erde

Ist die Erde rund?

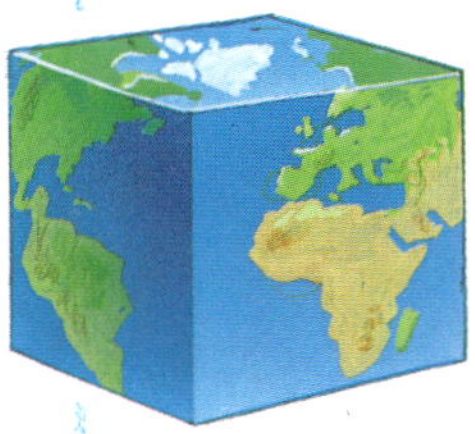

Wenn du als Astronaut durchs Weltall fliegen würdest, sähe die Erde wie ein riesiger Ball aus. Doch sie ist nicht völlig rund. Wie ein Ball, der ein wenig zusammengedrückt wird, ist sie oben und unten etwas flacher und wölbt sich in der Mitte ein bisschen nach außen.

- Die Erde misst um ihren „Bauch" – den Äquator – 40 075 Kilometer. Wenn du Tag und Nacht wandern würdest, bräuchtest du ein ganzes Jahr, um diese Strecke zurückzulegen!

- Vom Weltall aus sieht die Erde blau aus. Das liegt daran, dass mehr als zwei Drittel der Erde von Meeren bedeckt sind.

Die Erdkruste ist die Gesteinsschicht unter deinen Füßen. Sie bildet eine feste Haut um die Erde.

Der Erdmantel ist eine dicke Schicht aus Gestein. Es ist so heiß, dass es zum Teil geschmolzen ist.

Der Erdkern besteht aus Metall. Der äußere Kern ist glutheiß und flüssig, doch der innere Kern ist fest.

● Jm Jnnern der Erde ist es sehr heiß – über 5000 °C. Das ist etwa 150-mal heißer als ein glühend heißer Sommertag!

Woraus besteht die Erde?

Die Erde besteht aus mehreren Schichten Gestein und Metall. Einige Schichten sind fest, doch andere sind so heiß, dass sie geschmolzen und flüssig sind – etwa so wie heißer klebriger Karamell.

● Die Erdkruste hört an der Küste nicht auf. Sie geht auch unter den tiefsten Meeren weiter.

Was lässt die Erde erzittern?

Die Erdoberfläche besteht aus riesigen Platten von festem Gestein, die auf dem glutflüssigen Gestein darunter schwimmen. Manchmal stoßen diese Platten zusammen und schieben sich aneinander vorbei. Dann kommt es zu Erschütterungen des Bodens, die wir Erdbeben nennen.

● Bei sehr starken Erdbeben bricht der Boden auf, Straßen sinken ein, und Gebäude stürzen zusammen.

● Besonders gefährlich ist es, wenn bei Erdbeben Gebäude einstürzen. Wer dann Schutz unter einem Tisch oder einem Türrahmen sucht, rettet vielleicht sein Leben.

Kann man ein Erdbeben voraussagen?

Wissenschaftler, die sich mit Erdbeben befassen, nennt man Seismologen. Obwohl sie wissen, wo Erdbeben stattfinden können, ist der Zeitpunkt nicht genau vorauszusagen.

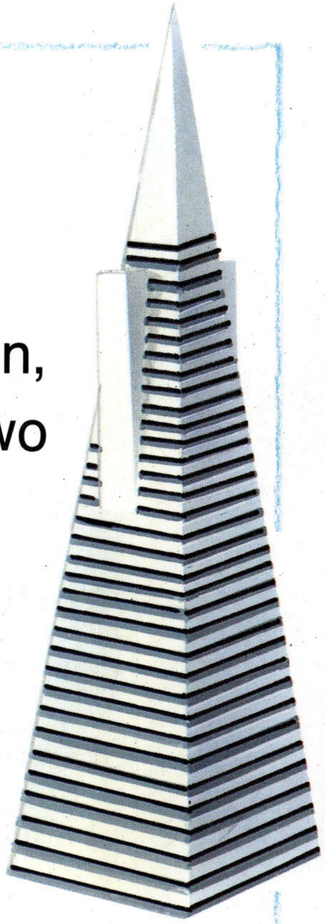

- Jn Gegenden mit starken Erdbeben versucht man, erdbebensichere Häuser zu bauen. Einige der neuesten dieser Bauwerke sehen aus wie Pyramiden oder Kegel.

- Tiere scheinen schon lange vor uns zu spüren, dass die Erde bebt. Hunde jaulen, Schlangen kriechen aus ihren Erdlöchern, und Hühner rennen um ihr Leben!

- Jm alten China glaubte man, daβ ein riesiger Stier die Erde auf seinen Schultern trug. Jedesmal, wenn der Stier die Erde von einer Schulter auf die andere verlagerte, kam es zu Erdbeben.

Welche Berge speien Feuer?

Vulkane sind Berge, die manchmal heiße Asche, Gase und glutflüssiges Gestein, Lava genannt, ausspucken. Die Gase und die feurige Lava dringen aus dem Erdinnern durch Spalten in der Kruste nach oben.

● Die tellerähnliche Öffnung eines Vulkans nennt man Krater. Manchmal füllt sich der Krater eines toten Vulkans mit Regenwasser, sodass ein schöner See entsteht.

● Es gibt über 500 tätige Vulkane auf dem Festland. Noch mehr erheben sich auf dem Meeresboden.

Leben Menschen auf Vulkanen?

Es ist zwar ziemlich riskant, aber viele Menschen leben auf Vulkanen – vor allem Bauern. Die Vulkanasche macht den Boden sehr fruchtbar, sodass die Bauern reichlich ernten können. Allerdings müssen sie auch schnell laufen können!

● Es gibt auch Vulkane im Weltall. Olympus Mons auf dem Planeten Mars ist dreimal so hoch wie der Mount Everest auf der Erde.

● Vorsicht, Piloten! Asche und Staub, die bei einem Vulkanausbruch in die Triebwerke geraten, können sie zum Stillstand bringen.

Was ist ein Tornado?

Ein Tornado ist ein Wirbelwind, der über das Land rast und alles auf seinem Weg mit sich fortreißt. Tornados kommen vor allem in Nordamerika vor.

Hurrikans sind auch Wirbelstürme, sie bilden sich aber nur über warmen tropischen Meeren. Hurrikans wehen mit einer Geschwindigkeit von bis zu 240 Kilometern in der Stunde.

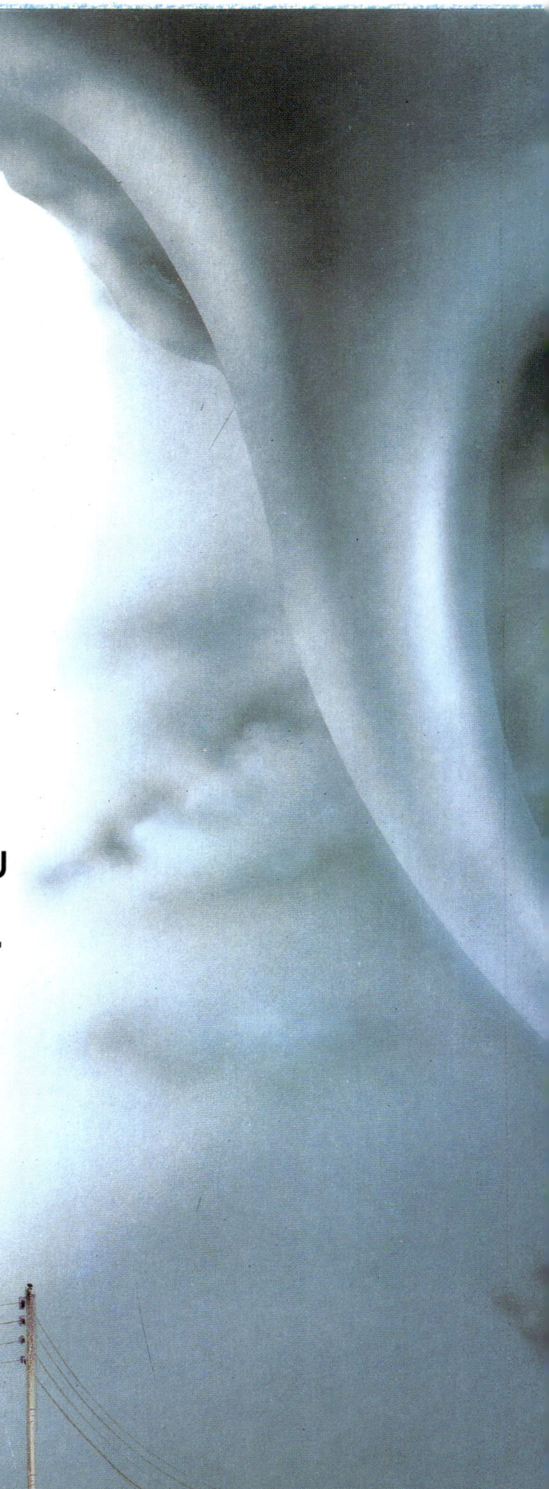

● Jn den USA hob ein Tornado 1931 einen ganzen Zug in die Luft und ließ ihn dann in einen Graben fallen.

● Luft ist unsichtbar, darum sieht man auch den Wind nicht. Man fühlt ihn aber im Gesicht und sieht, wie er die Bäume hin- und herschwanken lässt.

Warum weht der Wind?

Wenn du den Wind spürst, ist es die Luft, die in Bewegung ist. Luft bewegt sich, wenn die Sonne sie erwärmt. Sie wird dann leichter und steigt nach oben. Kühlere Luft strömt nach und nimmt ihren Platz ein – so entsteht Wind.

● So kannst du beobachten, dass warme Luft aufsteigt: Wenn du eine Feder auf eine Heizung legst, schwebt sie mit der aufsteigenden Luft nach oben.

Was ist die „Kerzenhalle“?

Tief unter den Berghängen im Osten Italiens liegt eine märchenhafte Höhle, die den Namen Kerzenhalle erhalten hat. Sie verdankt ihn den weißen Felsnadeln, die wie riesige Kerzen vom Höhlenboden aufragen. Sie heißen Stalagmiten und wachsen in kleinen Mulden im Fels, die wie Kerzenhalter aussehen.

- Wie alle unterirdischen Höhlen wurde die Kerzenhalle durch herabtropfendes Wasser ausgewaschen.

- Vor Jahrtausenden suchten die Urmenschen Schutz in Höhlen. An ihre Wände malten sie Büffel und Mammuts.

- Manche Menschen betreiben Höhlenforschung als Hobby. Weil ihr Sport sehr gefährlich ist, arbeiten sie in Gruppen zusammen.

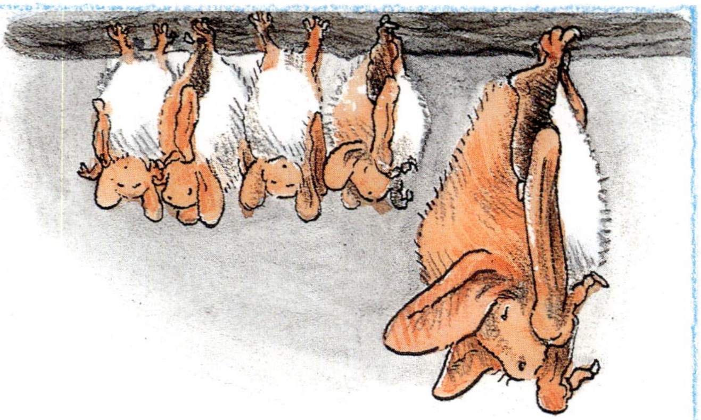

Fledermäuse lieben die Dunkelheit der Höhlen. Tagsüber hängen sie schlafend von der Decke. Auch ihre Jungen ziehen sie hier auf.

Ein Stalaktit braucht über 1000 Jahre, um nur einen Zentimeter länger zu werden. Also: Versuche nicht, ihm dabei zuzusehen!

Wie bilden sich Tropfsteine?

Durch den Kalk im herabtropfenden Wasser entstehen in Höhlen lange, spitze Gebilde, die wie Eiszapfen aussehen: das sind Tropfsteine. Wenn sie von der Decke hängen, nennt man sie Stalaktiten. Ragen sie vom Boden auf, heißen sie Stalagmiten. Manchmal vereinigen sich Stalagmit und Stalaktit und bilden eine Säule.

Wer lebt in der finsteren Höhlenwelt? Ein paar Lurche und Würmer – das ist alles!

Wo liegen die höchsten Berge?

● Himalaja heißt so viel wie Land des Schnees. Es ist ein passender Name für die höchsten Gipfel der Welt.

Die höchste Gebirgskette der Erde ist der Himalaja in Asien. Seine Berge sind so hoch, dass man sie das „Dach der Welt“ nennt. Schnee und Eis auf den steilen Gipfeln schmelzen in der bitteren Kälte nie.

● Das sind die höchsten Berge auf den Kontinenten:

Können Berge schrumpfen?

Viele Berge werden ständig kleiner.

Tagtäglich nehmen Eis, Schnee und fließendes Wasser kleine Gesteinsteilchen mit.

Manche Berge werden aber auch größer. So wird der Himalaja noch heute durch Bewegungen der Erdkruste emporgehoben.

● Auf Hawaii gibt es den Berg Mauna Kea, der 1300 Meter höher als der Mount Everest ist. Er liegt aber zum größten Teil unter der Oberfläche des Meeres.

● Je höher man in den Bergen kommt, desto kälter wird es. Viele der Tiere, die im Gebirge leben, haben ein dickes Fell, das sie wärmt – wie zum Beispiel Ziegen, Lamas und Yaks.

Wie sieht es an den Polen aus?

● Eisbären leben am Nordpol und Pinguine am Südpol. Sie können sich also nie treffen – es sei denn, im Zoo!

Nord- und Südpol liegen an den Enden der Erdkugel. Hier herrschen eisige Temperaturen mit bitterkalten Winden. Eis und Schnee erstrecken sich, soweit das Auge sieht – nicht gerade ein einladender Ferienort!

● Die Antarktis ist ein riesiger eisbedeckter Kontinent, in dessen Mitte der Südpol liegt. An manchen Stellen ist das Eis fast 5 Kilometer dick.

Wo liegt der kälteste Ort der Erde?

Die grimmigste Kälte herrscht in Wostok in der Antarktis. Hier liegt die Temperatur meist unter –58 °C, sie war aber auch schon auf –89 °C gesunken – die niedrigste Temperatur, die je gemessen wurde!

● Der Berg Erebus müsste der wärmste Platz in der ganzen Antarktis sein. Er ist ein aktiver Vulkan!

Wo leben Eisbären?

Eisbären bewohnen die Küsten des Nordpolarmeers nahe dem Nordpol. Eigentlich komisch, dass sie nie in der Antarktis lebten, obwohl dort reichlich Nahrung und genauso viel Schnee und Eis vorhanden ist.

● Eisberge schwimmen im Meer. Sie sind an der Küste von großen Eisströmen, den Gletschern, abgebrochen.

● Eisbären rutschen auf dem Eis nicht aus. Rauhe Haut und Haare auf den Fußsohlen geben ihnen Halt.

Wo beginnen Gewitter?

Gewitter nehmen ihren Anfang in riesigen schwarzen Gewitterwolken, die sich manchmal am Ende eines heißen Sommertages aufbauen. Jm Jnnern der Wolken wirbeln starke Winde die Wassertröpfchen umher und laden die dunkle Wolke mit Elektrizität auf. Diese Elektrizität zuckt in großen Funken über den Himmel – wir nennen sie Blitze.

- Bei einem Gewitter bleibt man am besten im Haus. Nie darf man unter einem Baum Schutz suchen – er kann vom Blitz getroffen werden.

- Ein Amerikaner wurde siebenmal von einem Blitz getroffen! Roy C. Sullivans Haare standen zweimal in Flammen und auch seine Augenbrauen verbrannten. Er verlor sogar einen großen Zehennagel – aber er überlebte.

- Der Blitz pflanzt sich mit einer Geschwindigkeit von 300 000 Kilometern in der Sekunde fort!

- Wenn du wissen willst, wie weit ein Gewitter entfernt ist, musst du die Sekunden zählen, die zwischen dem Blitz und dem Donner vergehen. Das Gewitter ist einen Kilometer entfernt, wenn du drei Sekunden gezählt hast.

- Die größten Gewitterwolken ragen 16 Kilometer hoch. Das ist fast zweimal so hoch wie der Mount Everest.

Was ist Donner?

Blitze sind unvorstellbar heiß. Wenn sie über den Himmel zucken, erhitzen sie die Luft so stark, dass sie sich plötzlich und mit lautem Geräusch ausdehnt. So entsteht der Donner.

Wie hoch ist der Himmel?

Der Himmel gehört zu einer unsichtbaren Lufthülle, die unsere Erde umgibt. Diese Hülle heißt Atmosphäre und reicht etwa 500 Kilometer in den Weltraum hinaus.

Die Atmosphäre enthält ein sehr wichtiges Gas, den Sauerstoff – wir alle brauchen ihn zum Leben und atmen ihn mit der Luft ein.

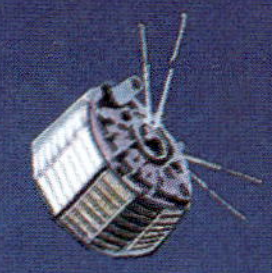

● Die Erde ist der einzige Planet, von dem man weiß, dass er genug Sauerstoff für Lebewesen hat.

● Wenn es auf der Erde zu warm wird, könnte das Eis an den Polen schmelzen. Dann würden die Meere ansteigen und viele Küstenstädte versinken.

Was ist der Treibhauseffekt?

Treibhauseffekt nennen Wissenschaftler das Problem, dass es auf unserer Erde immer wärmer wird. Abgase aus Fabriken, Kraftwerken und Autos sammeln sich in der Atmosphäre an und verhindern, dass die Sonnenwärme in das Weltall zurückgeht. Unser Planet wird langsam immer wärmer – wie ein Treibhaus im Sommer.

3 Über den Flugzeugen beginnt die Ozonschicht. Sie wirkt wie ein Sunblocker, der uns vor den schädlichen Sonnenstrahlen schützt.

2 Flugzeuge fliegen in der Schicht darunter, hoch über den Wolken, wo der Himmel klar ist. Die Luft ist hier dünner und enthält weniger Sauerstoff.

1 Die Atmosphäre gliedert sich in mehrere Schichten. Jn der untersten trägt die Luft Wolken und Wetter um die Erde.

Wie oft regnet es im Regenwald?

Jn einem Regenwald regnet es fast täglich, aber es gießt nicht den ganzen Tag lang. Die Luft wird immer heißer und immer schwüler, bis es am Nachmittag ein schweres Gewitter mit starken Regengüssen gibt. Danach ist alles schnell wieder trocken.

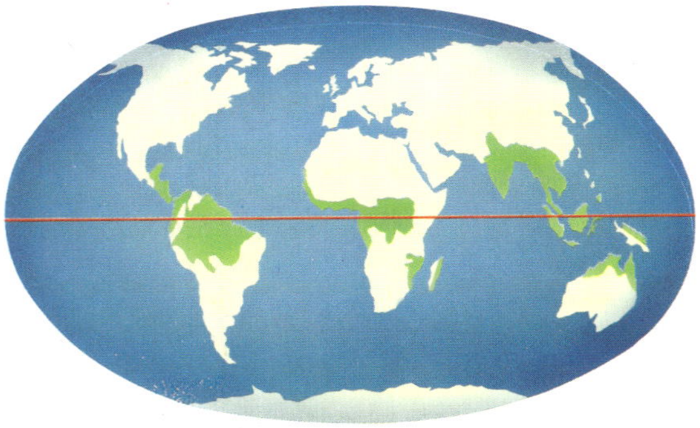

● Das größte Regenwaldgebiet der Erde liegt in Südamerika. Es dehnt sich über Tausende von Kilometern an den Ufern des Flusses Amazonas aus.

Wo gibt es Regenwälder?

Auf der Karte sind die Regenwälder der Erde grün eingezeichnet. Sie liegen in den heißesten Gegenden der Erde beiderseits des Äquators.

● Anakondas sind Riesenschlangen. Sie verstecken sich im schlammigen Wasser des Amazonas und lauern vorbeiziehenden Beutetieren auf.

● Regenwälder beherbergen mehr als die Hälfte aller Tiere und Pflanzen, die auf unserer Erde leben.

● Dieses Buch begann sein Leben als ein Baumstamm! Das meiste Papier wird aus Holz von Nadelbäumen wie Fichten und Kiefern hergestellt.

Wo liegt der größte Wald?

Der größte Wald der Erde erstreckt sich über den ganzen Norden Europas und Asiens. Hier gedeihen nur Nadelbäume. Sie werfen ihr Laub im Winter nicht ab, sondern bleiben das ganze Jahr grün.

● Braunbären und Wölfe leben in den Wäldern des Nordens. Jn den langen, kalten Wintern suchen auch Rentiere hier Schutz.

Wo regnet es nie?

Wüsten sind die trockensten Gebiete der Erde. Jn manchen Wüsten regnet es nie. Jn anderen fällt monate- oder gar jahrelang kein Regen. Jn Wüsten gibt es heftige Sandstürme. Sie wirbeln den Sand zu großen Sandhügeln auf, die wir Dünen nennen.

● Die Atacama-Wüste in Chile, Südamerika, ist die trockenste Wüste der Erde. 400 Jahre lang fiel hier kein Tropfen Regen. Doch 1971 goss es plötzlich in Strömen!

● Viele Menschen, die in Wüsten leben, sind Nomaden. Auf der Suche nach Nahrung und Wasser für ihr Vieh wandern sie von einem Weideplatz zum anderen.

Die Wüste Sahara bedeckt fast ein Drittel Afrikas.

Welches ist die sandigste Wüste?

Die Sahara in Nordafrika ist die größte Wüste der Welt. Weite Teile sind von wandernden Sanddünen bedeckt. Doch längst nicht alle Wüsten sind sandig. Viele sind auch Felswüsten und von Steinen und Schotter bedeckt.

Die höchste je gebaute Sandburg überragte drei Männer.

Vom Wind getragener Sand kann Autolack wie ein großes Stück Sandpapier abschmirgeln.

Wie heiß sind Wüsten?

Jn den heißesten Wüsten herrscht tagsüber eine Hitze bis 50 °C, und nirgendwo gibt es ein schattiges Plätzchen. Doch nachts wird es richtig kalt.

Woraus bestehen Wolken?

Manche Wolken sehen aus, als wären sie aus Watte – doch das sind sie nicht! Wolken bestehen aus Milliarden von Wassertropfen und Eiskristallen. Diese sind so winzig und leicht, dass sie in der Luft schweben.

- Du bräuchtest deinen Regenschirm auf dem Vulkan Wai-ále-ále auf Hawaii. Dort regnet es an 350 Tagen im Jahr.

- Ohne Regen würden keine Pflanzen wachsen. Was sollten wir dann essen?

Wann regnet es?

Es beginnt zu regnen, wenn sich viele Tröpfchen in einer Wolke zu größeren Wassertropfen zusammenschließen. Sie werden immer größer und schwerer, bis sie sich nicht mehr in der Wolke halten können und als Regen zur Erde fallen.

● Hast du schon mal gehört, dass es Frösche oder Fische regnet? Das kann wirklich vorkommen. Manchmal werden die Tiere von sehr starken Winden aus Teichen gesogen. Später fallen sie mit dem Regen wieder zur Erde.

Wie kalt ist Schnee?

Schneeflocken sind Wassertropfen, die zu Eiskristallen gefroren sind. Damit sie gefroren bleiben, ist eine Temperatur von 0 °C oder darunter erforderlich. Wird es auch nur etwas wärmer, schmelzen die Schneeflocken und fallen als Regen nieder.

● Der größte je gebaute Schneemann war über 22 Meter hoch. Das ist etwa so hoch wie ein siebenstöckiges Haus.

Das Weltall

Was ist das Weltall?

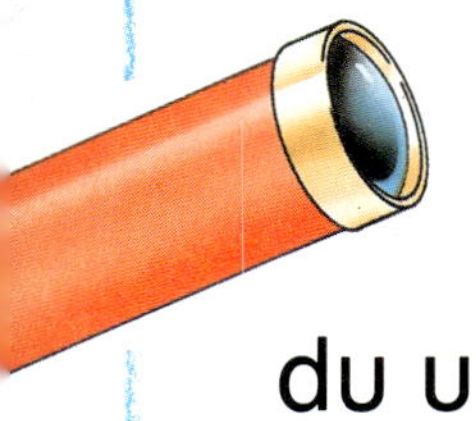

Alle Sterne und Planeten, die Erde mit ihren Pflanzen und Tieren, du und ich, die ganze Welt und alles, was sie umgibt, nennt man Weltall.

- Du bestehst aus demselben Material wie die Sterne.
- Es gibt große Sternenfamilien im Weltall. Man nennt sie Galaxien.

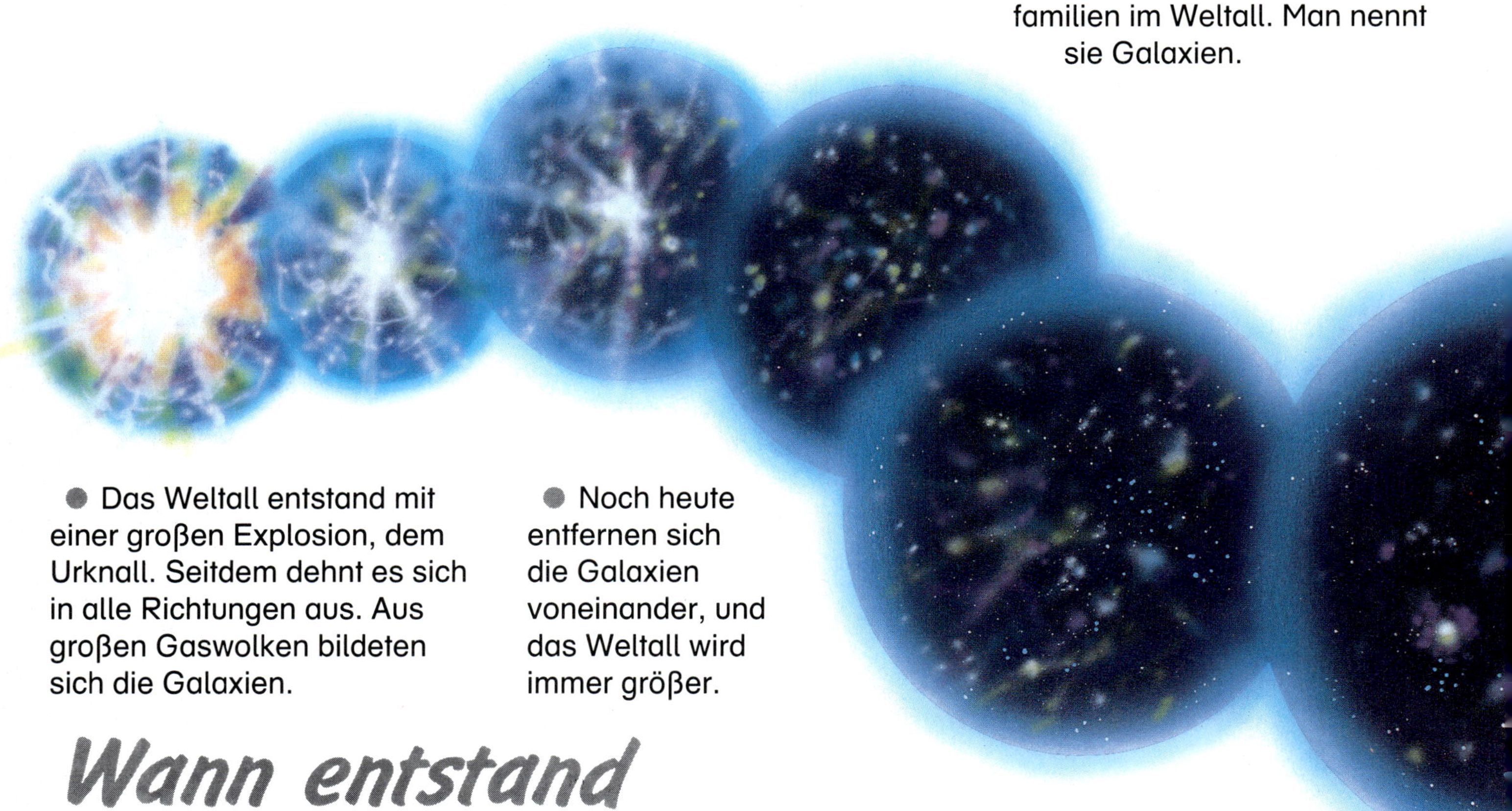

- Das Weltall entstand mit einer großen Explosion, dem Urknall. Seitdem dehnt es sich in alle Richtungen aus. Aus großen Gaswolken bildeten sich die Galaxien.
- Noch heute entfernen sich die Galaxien voneinander, und das Weltall wird immer größer.

Wann entstand das Weltall?

Viele Astronomen glauben, dass das Weltall zuerst ein kleiner, dicht gepackter und heißer Klumpen war. Vor etwa 15 Milliarden Jahren begann es sich nach einer gigantischen Explosion, dem Urknall, auszudehnen.

- Bläst man einen gepunkteten Ballon auf, so entfernen sich die Punkte voneinander. Dasselbe tun die Galaxien im Weltall.

Gibt es ein Ende des Weltalls?

Einige Astronomen nehmen an, dass sich das Weltall immer weiter ausdehnt, und die Entfernungen zwischen den Galaxien immer größer werden. Andere glauben, dass das All später wieder in sich zusammenstürzen wird. Die Galaxien werden dann mit großer Wucht zusammenprallen.

● Astronomen sind Wissenschaftler, die Sterne und Planeten erforschen.

● Niemand weiß, woher das ganze Material für die Sterne kam.

Warum tragen Astronauten Raumanzüge?

Jm Weltall gibt es keine Atemluft, und je nach Sonneneinstrahlung wird es sehr heiß oder sehr kalt. Außerhalb des Raumschiffes würden Astronauten ohne Raumanzug sterben.

● Wenn ein Astronaut die Toilette benutzt, muss er sich anschnallen, um nicht davonzuschweben. Weltraumtoiletten haben keine Wasserspülung, alles wird abgesaugt.

● Astronauten schlafen in angeschnallten Schlafsäcken, damit sie nicht davonfliegen. Sie müssen ihre Arme festklemmen oder anbinden, damit diese nicht im Schlaf herumrudern!

● Jm Weltall wirst du gestreckt. Manche Astronauten werden im All 5 cm größer!

Warum schweben Astronauten im Weltall?

Jm All herrscht eine sehr geringe Anziehungskraft, auch an Bord eines Raumschiffes. Ohne Anziehungskraft, die sie nach unten zieht, schweben die Raumfahrer wie ein Luftballon!

Die goldenen Filterscheiben im Helm schützen die Augen der Raumfahrer vor den gefährlichen Sonnenstrahlen.

Jn einem Weltraumsessel kann sich ein Astronaut außerhalb des Raumschiffs bewegen. Er hat einen Sauerstofftank für den Raumfahrer und ein Funkgerät, mit dessen Hilfe er mit der Raumschiffbesatzung oder der Bodenstation sprechen kann.

Wie schnell fliegen Raketen ins Weltall?

Raketen müssen, wenn sie das Weltall erreichen sollen, schneller als 11 Kilometer pro Sekunde fliegen. Das sind 40 000 Kilometer pro Stunde! Die meisten Autos fahren 120 Kilometer in der Stunde. Wäre die Rakete langsamer, so könnte sie nicht der enorm starken Anziehungskraft der Erde entfliehen.

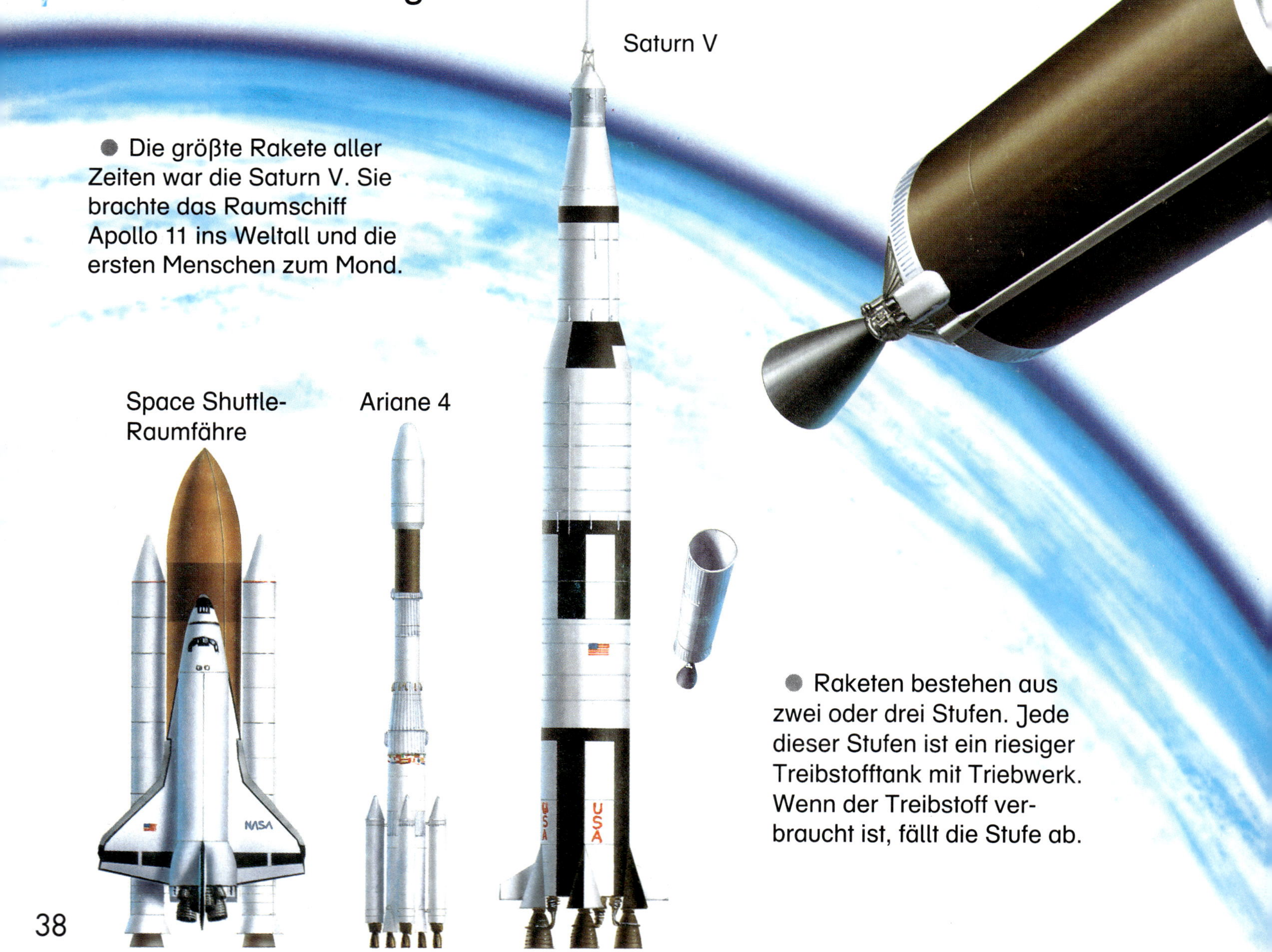

- Die größte Rakete aller Zeiten war die Saturn V. Sie brachte das Raumschiff Apollo 11 ins Weltall und die ersten Menschen zum Mond.

- Raketen bestehen aus zwei oder drei Stufen. Jede dieser Stufen ist ein riesiger Treibstofftank mit Triebwerk. Wenn der Treibstoff verbraucht ist, fällt die Stufe ab.

Am oberen Ende der Rakete befindet sich die Nutzlast – ein Satellit, eine Raumsonde oder ein bemanntes Raumschiff.

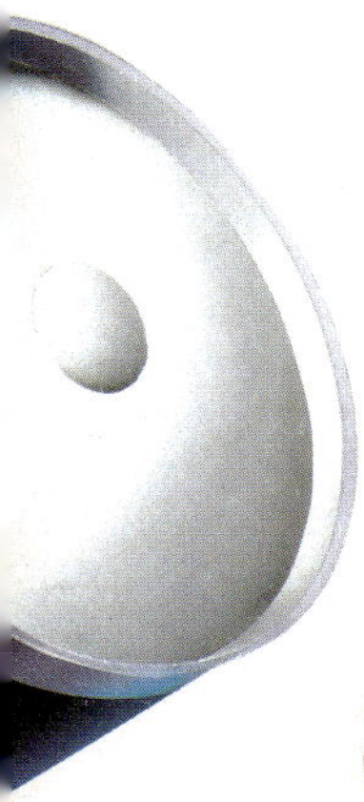

Wozu braucht man Raketen?

Raketen werden vor allem gebraucht, um Satelliten auf ihre Bahn um die Erde zu bringen. Es gibt Satelliten für sehr unterschiedliche Aufgaben.

Satelliten können von einem Land eingesetzt werden, um Geheimnisse über ein anderes Land zu erkunden.

Fernmeldesatelliten übertragen Fernsehsendungen und Telefongespräche in andere Länder und Kontinente.

Navigationssatelliten helfen Schiffen und Flugzeugen, ihren Weg zu finden.

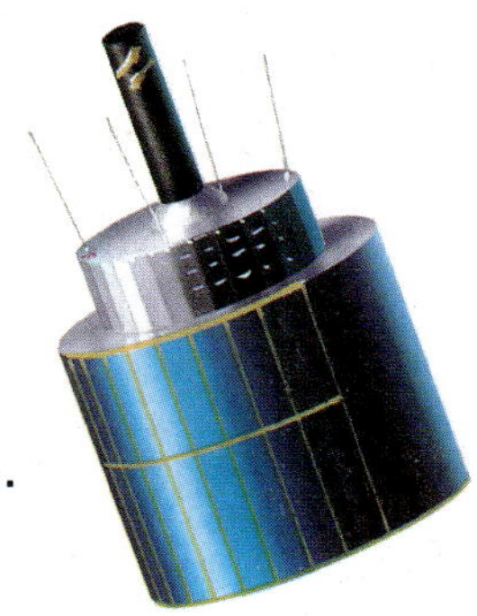

Mit Hilfe von Satellitenaufnahmen können Wissenschaftler die Erde und ihren Aufbau erforschen.

Wettersatelliten helfen uns, das Wetter vorherzusagen.

Was ist die Milchstraße?

● Die Milchstraße ist eine Spiralgalaxie. Sie sieht von oben wie ein großes Feuerrad mit Spiralen aus.

Die Milchstraße ist die Galaxie, in der wir leben. Sie besteht aus allen Sternen, die du nachts am Himmel siehst, und noch viel mehr Sternen, die du nicht sehen kannst.

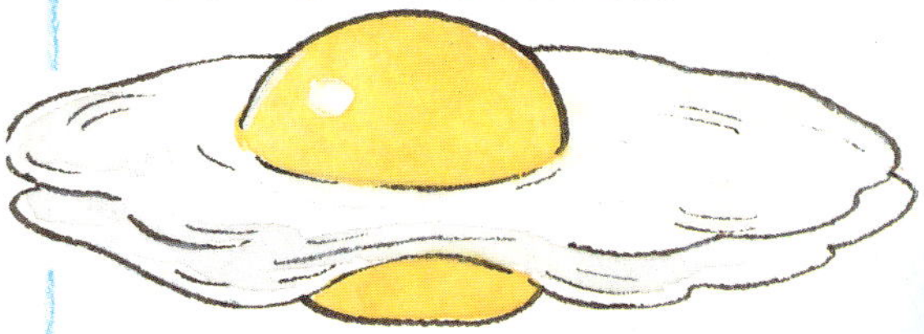

● Von der Seite gesehen sieht eine Spiralgalaxie wie zwei zusammengeklebte Spiegeleier aus.

● Die Milchstraße kam zu ihrem Namen, weil wir Teile von ihr nachts wie ein Band aus weißem, milchigen Licht am Himmel sehen.

● Wir leben auf dem Planeten Erde, der einen Stern umkreist, den wir Sonne nennen.

● Normalerweise tragen die Galaxien Nummern. Nur einige haben Namen, die an ihr Aussehen erinnern. So gibt es eine Sombrerogalaxie und eine Whirlpoolgalaxie.

● Das sind die drei wichtigsten Galaxientypen:

Jrreguläre Galaxie (ohne bestimmte Form)

Elliptische Galaxie (eiförmig)

Spiralgalaxie

Wie viele Sterne gibt es?

Jn der Milchstraße gibt es rund 1000 Milliarden Sterne. Auf jeden Menschen, der auf der Erde lebt, kommen also 200 Sterne!

Die Astronomen haben erforscht, wie groß das Weltall ungefähr ist, und wie viele Sterne es hat. Es gibt etwa 100 Milliarden Galaxien. Jede von ihnen hat mindestens 1 Milliarde Sterne. Niemand kann sich so viele Sterne vorstellen, niemand kann sie zählen.

Woraus bestehen Sterne?

Sterne sind nicht fest wie der Boden unter deinen Füßen. Sie bestehen aus heißen Gasen. Die beiden wichtigsten dieser Gase heißen Wasserstoff und Helium. Sie bilden den Brennstoff, mit dem die Sterne Licht und Wärme erzeugen.

- Manchmal werden riesige Flammenzungen aus einem Stern herausgeschleudert. Man nennt sie Protuberanzen.

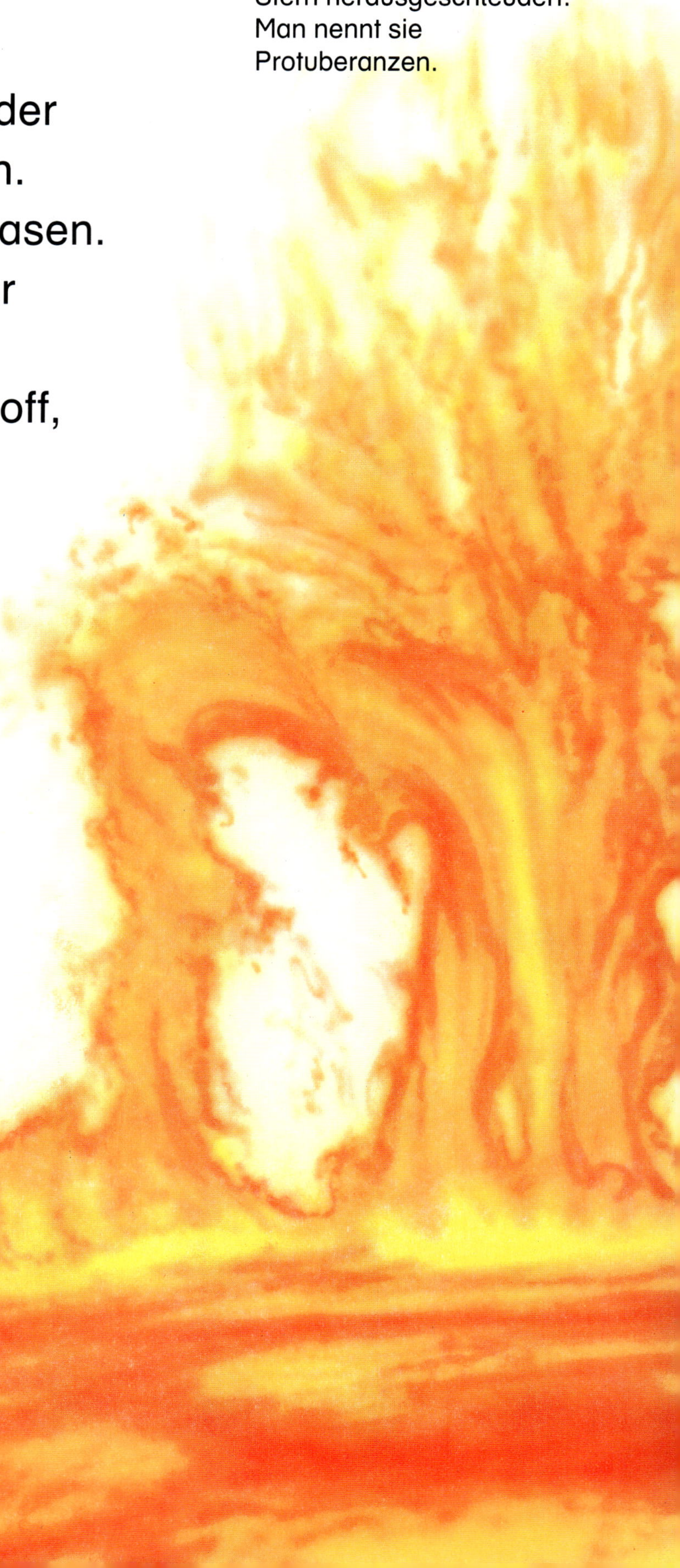

- Schon vor langer Zeit haben die Menschen die Sterne zu Figuren zusammengefasst, die man Sternbilder nennt.

- Der hellste Stern des Nachthimmels heißt Sirius. Man nennt ihn auch den Hundsstern. Er ist doppelt so groß wie die Sonne, aber leuchtet mehr als zwanzigmal heller als diese.

Warum funkeln Sterne?

Sterne funkeln nur, wenn wir sie von der Erde aus beobachten. Jm Weltall haben sie ein ruhiges, gleichmäßiges Licht. Wir sehen sie aber flimmern und flackern, weil wir von Luft umgeben sind. Das Sternenlicht, das auf uns zukommt, wird durch warme und kalte Luftblasen gebrochen und hin- und herbewegt.

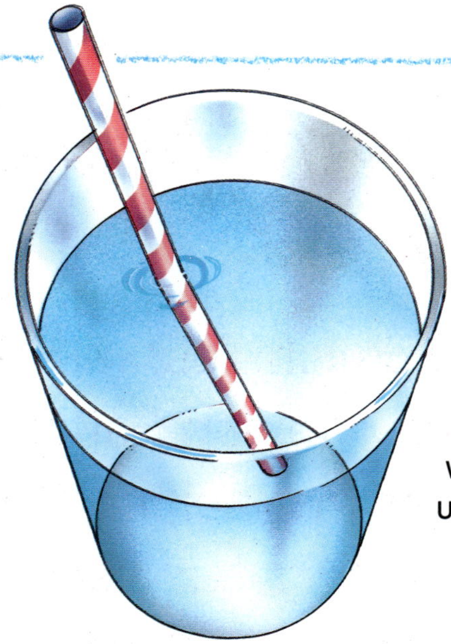

● Licht wird gebrochen, wenn es durch verschiedene Stoffe hindurchläuft. Wenn du zum Beispiel einen Strohhalm in ein Glas Wasser steckst, scheint er einen Knick zu haben, weil er halb in der Luft und halb im Wasser ist.

Haben Sterne Zacken?

Nein, Sterne sind rund wie Bälle. Wir stellen sie nur mit Zacken dar, weil ihr Licht wegen der unruhigen Luft von der Erde aus gesehen flimmert.

Wie viele Planeten gibt es?

Unser Planet Erde hat acht Nachbarn. Zusammen sind es also neun Planeten, die um die Sonne kreisen. Die Sonne und alle Himmelskörper, die sie begleiten, bilden das Sonnensystem.

Außer der Sonne und den Planeten gibt es in ihm noch die Monde, Kleinplaneten oder Asteroiden und Kometen.

● Kometen ähneln riesigen schmutzigen Schneebällen. Die meisten von ihnen halten sich in den äußeren Bereichen des Sonnensystems auf, aber einige nähern sich der Sonne. Diese Kometen entwickeln Millionen Kilometer lange Gas- und Staubschweife, wenn sie von der Sonne erhitzt werden.

● Das Wort Planet kommt aus dem Griechischen und bedeutet „Wanderer".

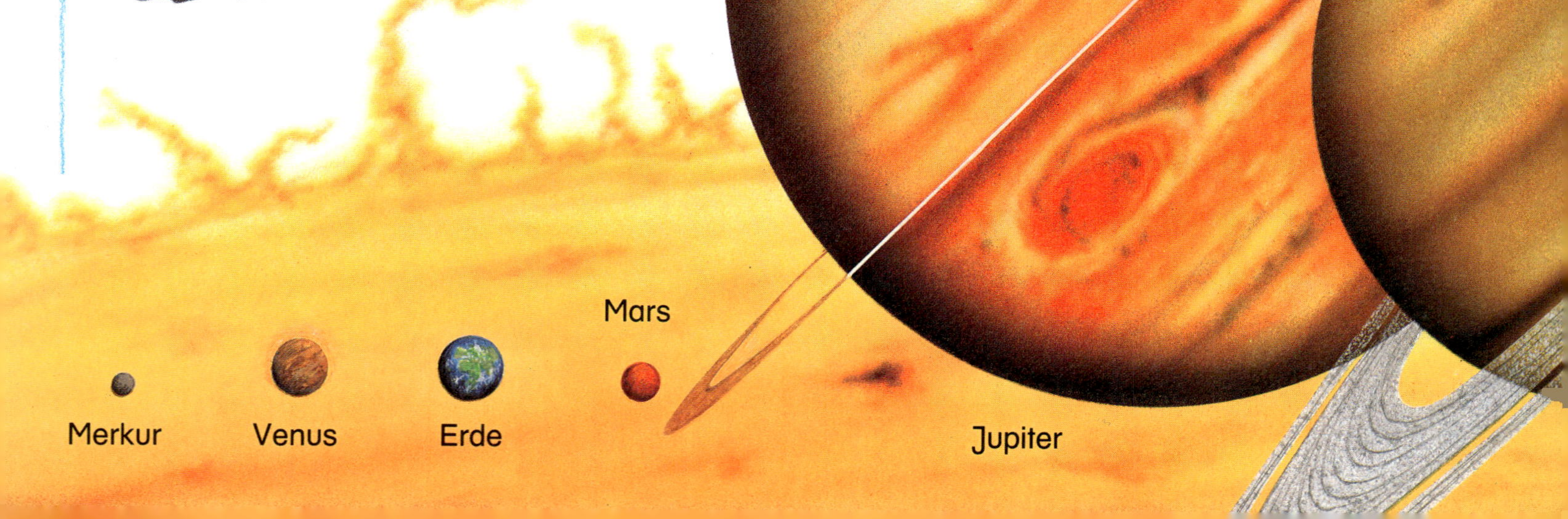

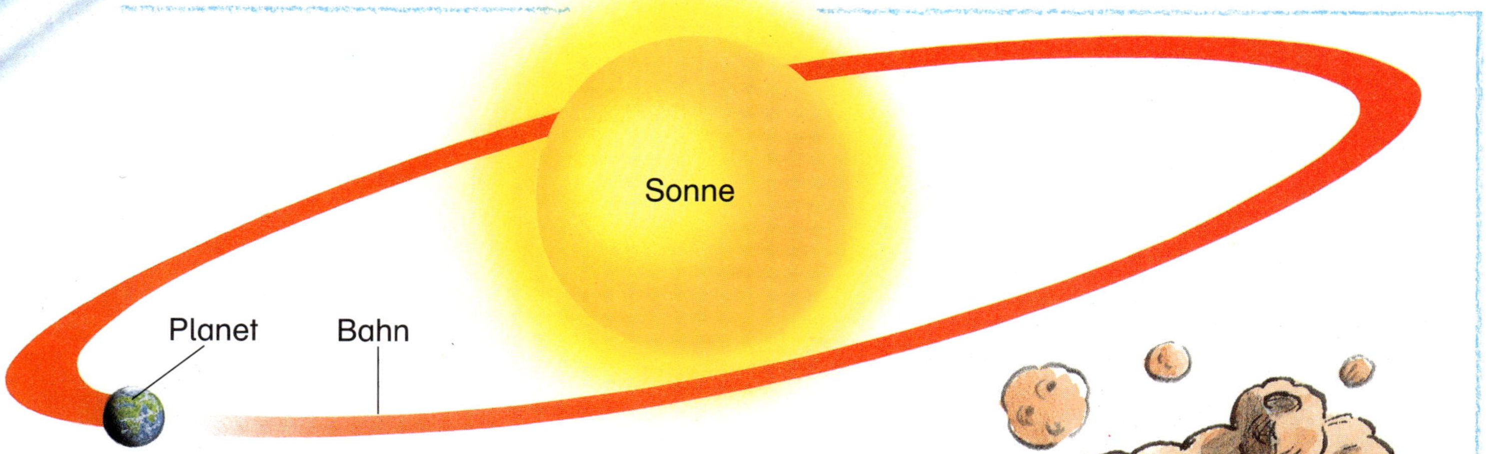

● Eine Bahn oder ein Orbit ist der Weg, auf dem ein Planet die Sonne oder ein Mond seinen Planeten umkreist. Die Planeten haben alle verschiedene Bahnen. Merkur ist der sonnennächste Planet. Pluto ist normalerweise am weitesten von der Sonne entfernt.

● Millionen von Kleinplaneten umkreisen die Sonne zwischen den Bahnen von Mars und Jupiter. Einige sind nur so groß wie Sandkörner. Andere haben die Größe eines Hauses. Einige Kleinplaneten sind etwa so groß wie Deutschland!

Was unterscheidet Sterne von Planeten?

Planeten sind nicht so groß und heiß wie Sterne und können kein eigenes Licht erzeugen. Sie entstanden aus den Resten derselben Gas- und Staubwolke, aus der sich auch unsere Sonne gebildet hat.

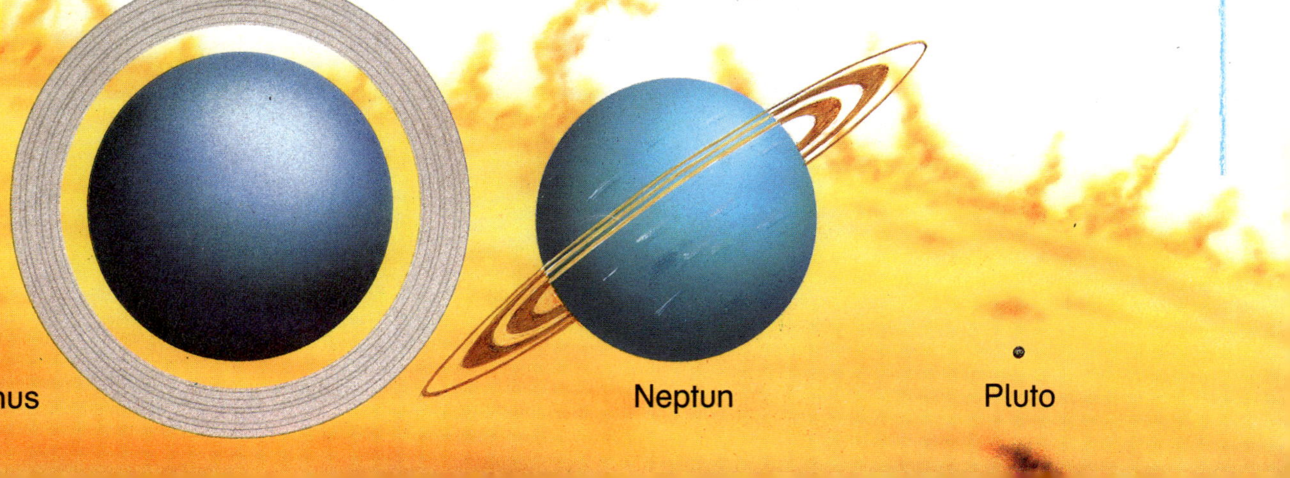

Warum ist die Erde ein besonderer Planet?

Die Erde hat als einziger Planet flüssiges Wasser und Leben. Damit ist sie einzigartig. Von der Sonne aus gezählt, ist sie der dritte Planet und erhält genau die richtige Menge von Licht und Wärme, die für das Leben nötig ist. Stünde sie der Sonne nur etwas näher, so wäre es bei uns zu heiß. Wäre sie etwas weiter entfernt, so wäre es zu kalt.

Wenn die Sonne zum Roten Riesen wird, verschlingt sie den innersten Planeten Merkur. Sie ist dann so groß, dass sie bei uns den halben Himmel bedeckt.

Alle Planeten drehen sich um sich selbst.

Wenn man einen Globus im Licht einer Taschenlampe dreht, sieht man, wie Tag und Nacht zu Stande kommen.

Warum verschwindet die Sonne in der Nacht?

Es wird nachts dunkel, weil sich die Erde auf ihrer Bahn um die Sonne um sich selbst dreht. Wenn sich unser Land von der Sonne wegdreht, bekommt es kein Licht mehr und die Nacht beginnt. Eine Erdumdrehung dauert einen Tag und eine Nacht.

Man nimmt zwar an, dass Millionen von Sternen Planetensysteme haben. Die Astronomen haben aber noch nie ein anderes Sonnensystem gefunden.

Welcher Planet ist am größten?

Jupiter ist so groß, dass das Material aller anderen Planeten in ihn hineinpassen würde! Sein schönes Aussehen erhält er durch Wolken, die durch gewaltige Stürme durcheinander gewirbelt werden.

- Jupiters Großer Roter Fleck ist so ausgedehnt, dass zwei Erdkugeln in ihn hineinpassen würden. Es handelt sich um einen riesigen Wirbelsturm, den man seit über 300 Jahren beobachtet.

- Jupiter bekam seinen Namen von den alten Römern. Sie benannten ihn nach ihrem höchsten Gott.

- Jupiter ist einer der vier Planeten, die von Ringen umgeben sind.

Die Planeten Jupiter, Saturn, Uranus und Neptun sind die Riesenplaneten. Sie sind alle sehr groß und bestehen hauptsächlich aus Gas. Schweres Gestein findet man nur in ihrem Zentrum.

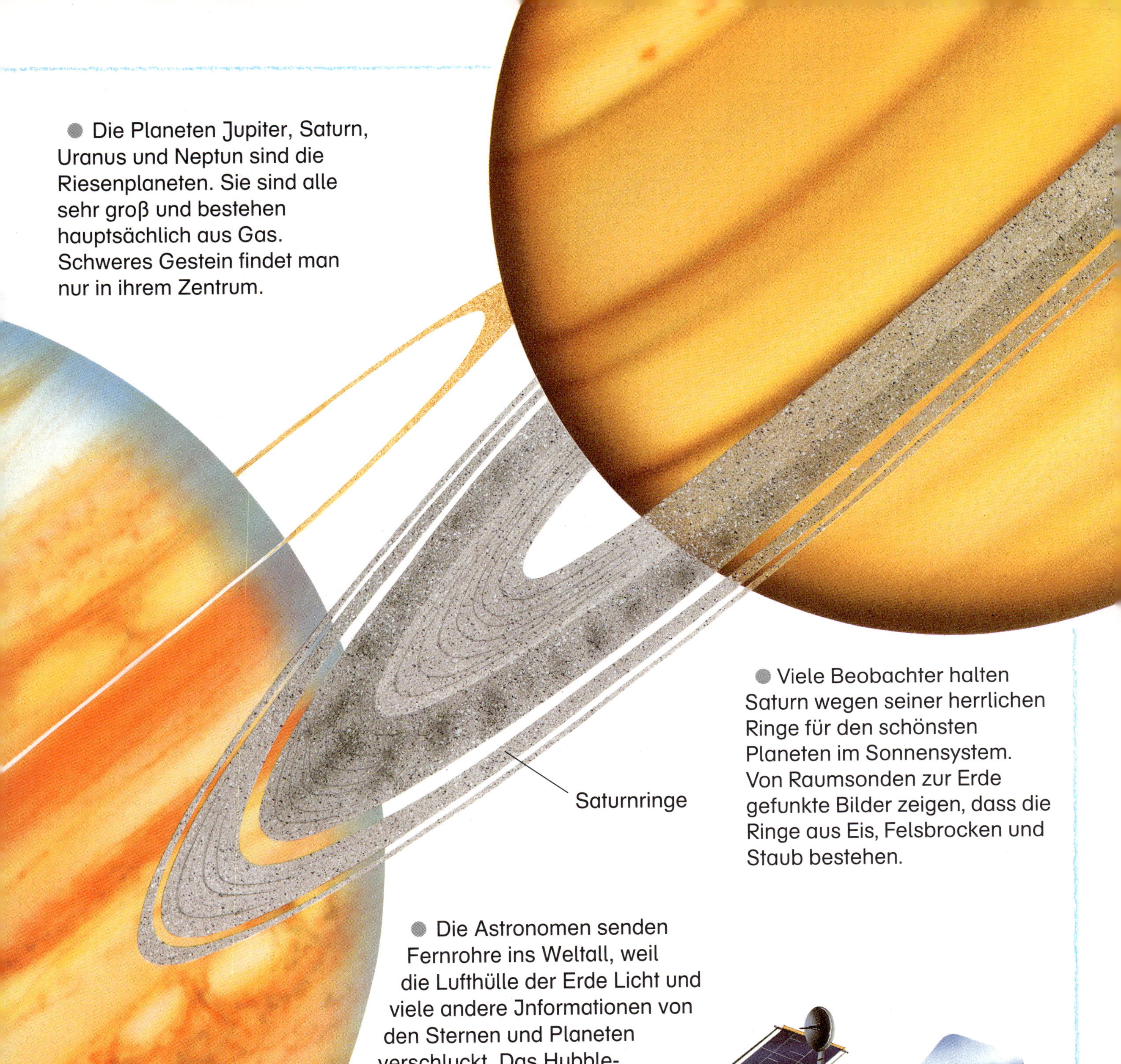

Viele Beobachter halten Saturn wegen seiner herrlichen Ringe für den schönsten Planeten im Sonnensystem. Von Raumsonden zur Erde gefunkte Bilder zeigen, dass die Ringe aus Eis, Felsbrocken und Staub bestehen.

Die Astronomen senden Fernrohre ins Weltall, weil die Lufthülle der Erde Licht und viele andere Jnformationen von den Sternen und Planeten verschluckt. Das Hubble-Weltraumfernrohr wurde 1990 gestartet. Es kann bis zum „Ende des Alls“ blicken.

Hubble-Weltraumfernrohr

Was ist ein Roter Riese?

Alle Sterne entstehen irgendwann, leben sehr lange und sterben dann. Ein Roter Riese ist ein großer alter Stern.

● Sterne werden zu allen Zeiten geboren. Sie beginnen ihr Dasein in „Kindergärten", die man Sternenhaufen nennt.

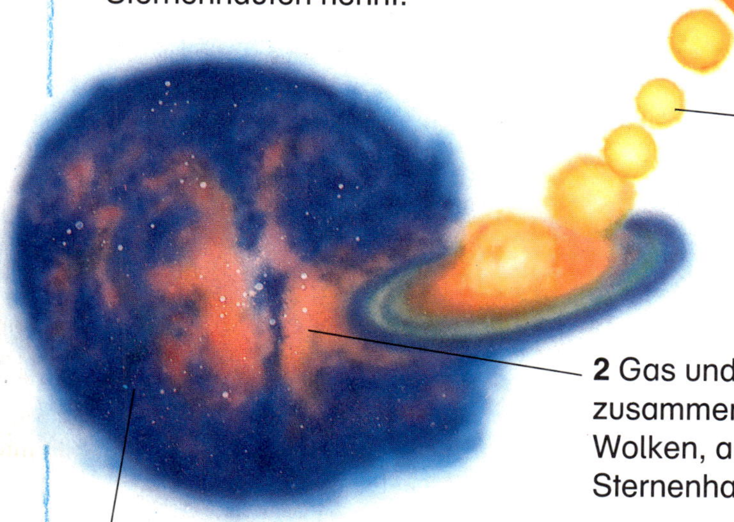

3 Die meisten Sterne sind unserer Sonne ähnlich und leuchten fast ihr ganzes Leben lang gleichmäßig.

2 Gas und Staub ballen sich zusammen und bilden viele Wolken, aus denen die Sternenhaufen entstehen.

1 Alle Sterne entstehen in großen wirbelnden Gas- und Staubwolken. Unsere Sonne wurde vor 4,6 Milliarden Jahren geboren.

● Wenn unsere Sonne so hell wie ein Autoscheinwerfer wäre, dann wäre ein Roter Riese so hell wie ein Leuchtfeuer.

4 Gegen Ende ihres Lebens blähen sich Sterne wie unsere Sonne auf und sind dann 100-mal größer als vorher. Sie werden zu Roten Riesen. Bei unserer Sonne wird das erst in 5 Milliarden Jahren geschehen.

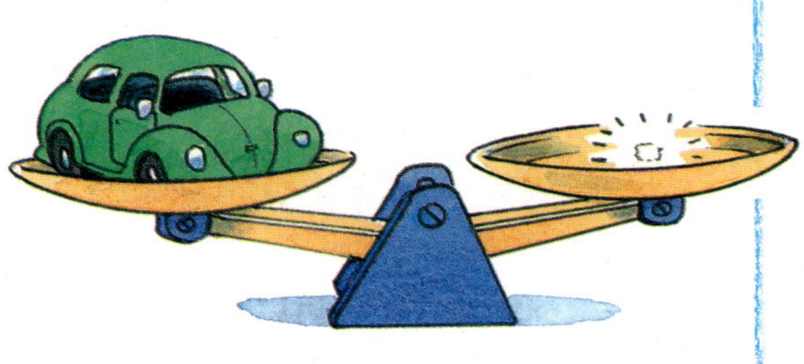

- Auf der Erde würde ein „Zuckerstück“ aus Weißer-Zwerg-Materie so viel wie ein kleines Auto wiegen!

5 Wenn der ganze Brennstoff verbraucht ist, schrumpft ein Roter Riese zu einem Weißen Zwerg zusammen. Er ist dann 10000-mal kleiner als vorher, aber immer noch sehr heiß.

6 Der Stern kühlt sich weiter ab und beendet sein Leben als Schwarzer Zwerg. Das ist eine kleine dichte und dunkle Kugel.

- Sterne müssen mindestens achtmal soviel Brennstoff wie die Sonne haben, um als Supernova zu enden.

Welche Sterne explodieren?

Das Leben der Sterne läuft ganz verschieden ab. Einige Sterne haben viel mehr Brennstoff als andere. Diese massereichen Sterne sterben nicht langsam, indem sie abkühlen. Sie beenden ihr Leben mit einem unvorstellbar grellen Lichtblitz. Einen Stern, der so explodiert, nennt man eine Supernova.

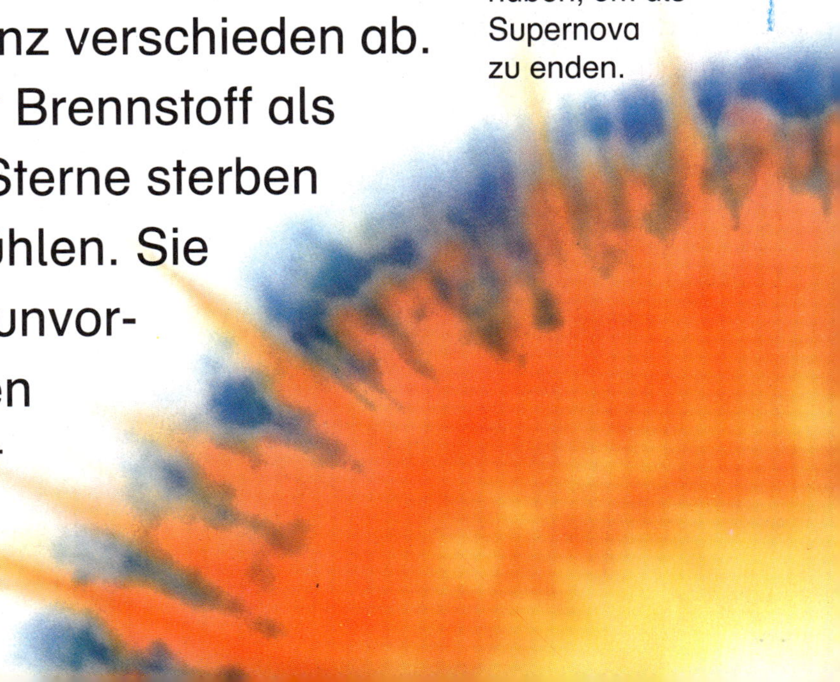

Was ist ein Schwarzes Loch?

Ein Schwarzes Loch kann sich bilden, wenn ein massereicher Stern stirbt. Der Stern stürzt in sich zusammen und wird immer dichter und kleiner. Schließlich bleibt nur ein Sternrest übrig, der sein Licht festhält, sodass es ganz dunkel ist: ein „Schwarzes Loch“.

Alle Dinge im Weltall haben eine Anziehungskraft oder Gravitation – Galaxien, Sterne, Planeten wie die Erde und selbst die kleinen Monde. Die Anziehungskraft hält alle Himmelskörper zusammen und hindert sie daran, davonzufliegen.

- Die Anziehungskraft der Erde hält dich am Boden fest. Sie zieht dich nach unten und verhindert, dass du ins Weltall davonfliegst.

- Wenn zwei große Himmelskörper wie Erde und Mond nahe beieinander stehen, ziehen sie sich wie beim Tauziehen gegenseitig an.

Sterne, die zu Schwarzen Löchern werden, haben eine besonders starke Anziehungskraft. Diese lässt den Sternrest in sich zusammenstürzen und hält sein Licht fest.

- Die Anziehungskraft der Erde hält dich am Boden fest. Sie zieht dich nach unten und verhindert, dass du ins Weltall davonfliegst.

- Licht wird vom Schwarzen Loch angesaugt wie das Wasser vom Badewannen-Abfluss.

● Kommt ein Stern einem Schwarzen Loch zu nahe, so wird er von ihm aufgesaugt. Nichts, nicht einmal das Sternenlicht, kann dann der Anziehungskraft des Schwarzen Lochs entfliehen.

Wie heiß ist die Sonne?

Wie alle Sterne ist unsere Sonne ein sehr heißer Gasball. Am wärmsten ist es in ihrem Zentrum. Dort beträgt die Temperatur rund 15 Millionen °C. Die Oberfläche der Sonne ist viel kühler als das Zentrum, aber immer noch 6000 °C heiß. Das ist immerhin 25-mal wärmer als der heißeste Küchenherd!

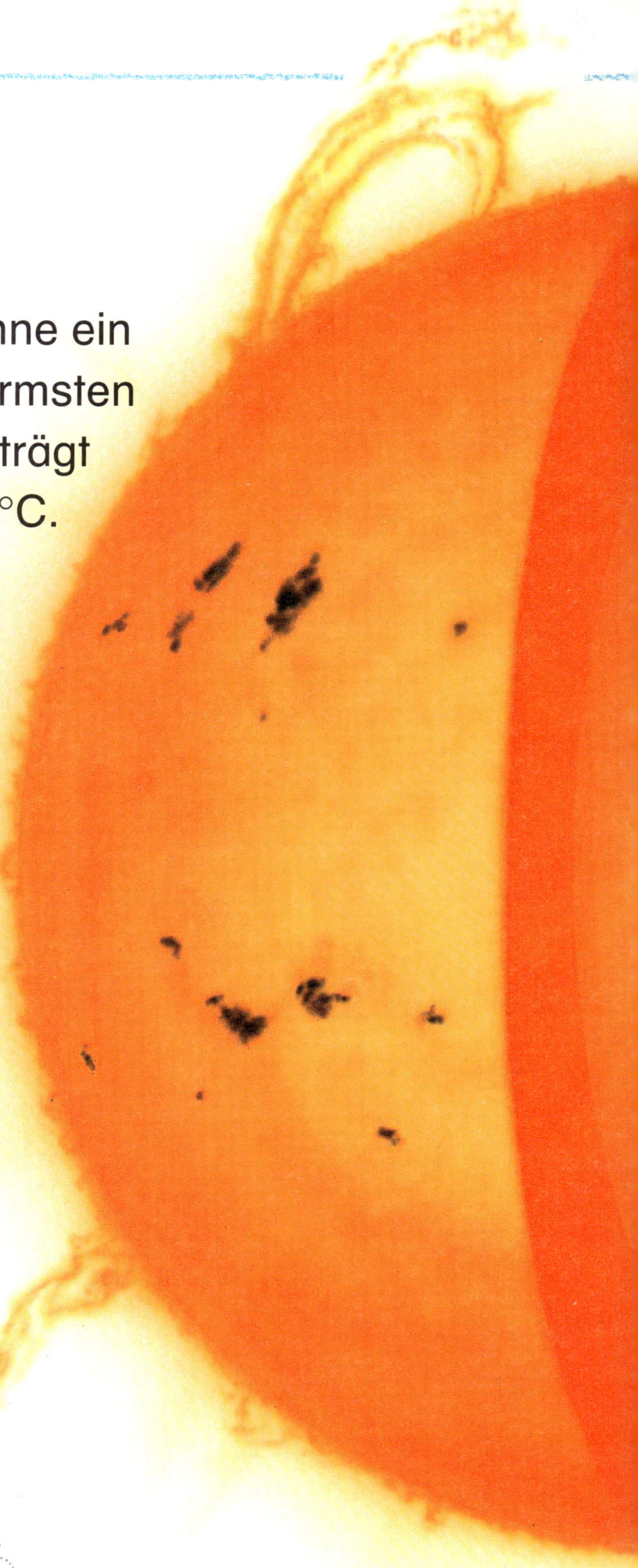

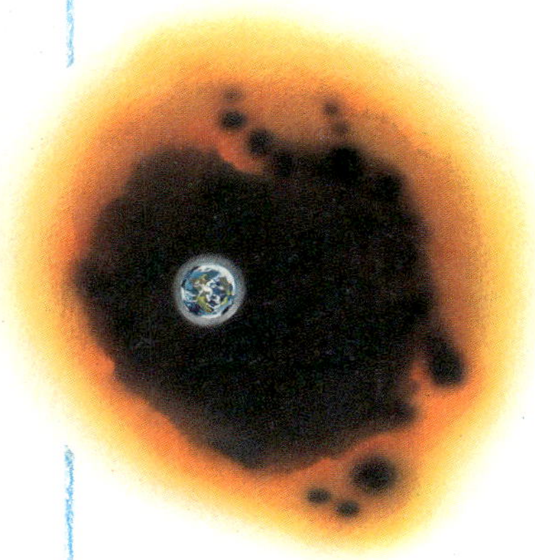

● Dunkle Stellen, die man Sonnenflecken nennt, erscheinen und verschwinden auf der Sonnenoberfläche. Die Sonnenflecken sehen schwarz aus, weil sie etwas kühler als die übrige Sonnenoberfläche sind und weniger Licht abstrahlen.

● Viele Sonnenflecken sind größer als die Erde.

● Tiere und Pflanzen könnten nicht ohne das Sonnenlicht leben.

● Die Sonne ist der einzige Stern, der so nahe ist, dass wir seine Wärme spüren können. Der zweitnächste Stern heißt Proxima Centauri. Das Sonnenlicht erreicht uns in 8,3 Minuten, das Licht von Proxima Centauri erst nach 4,3 Jahren!

● Die Sonne verbraucht in jeder Sekunde mehr Brennstoff, als 30 Millionen Lastwagen transportieren können!

Wird die Sonne einmal verlöschen?

Eines fernen Tages wird die Sonne ihren Brennstoff verbraucht haben und sterben. Aber das wird nicht zu deinen Lebzeiten geschehen. Auch deine Kinder und Ur-Ur-Ur-Enkel werden den Tod der Sonne nicht erleben. Die Astronomen nehmen an, dass die Sonne noch für 5 Milliarden Jahre Brennstoff hat.

Welcher Planet ist am weitesten von der Sonne entfernt?

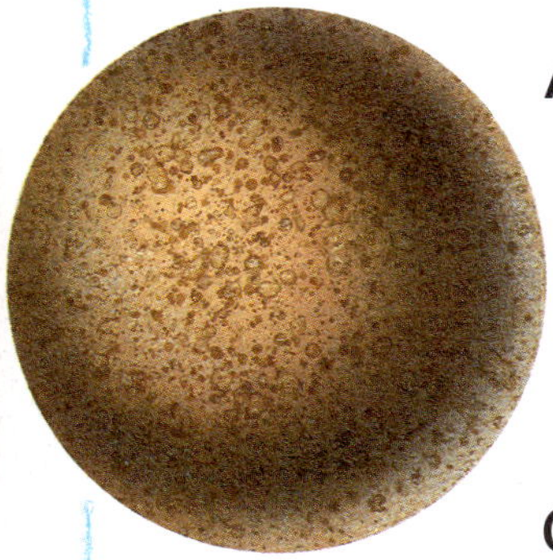

Auch wenn Pluto meist der fernste Planet ist, kommt er alle 248 Jahre der Sonne näher als Neptun.

Zwischen 1979 und 1999 machte Plutos merkwürdige Bahn Neptun zum sonnenfernsten Planeten.

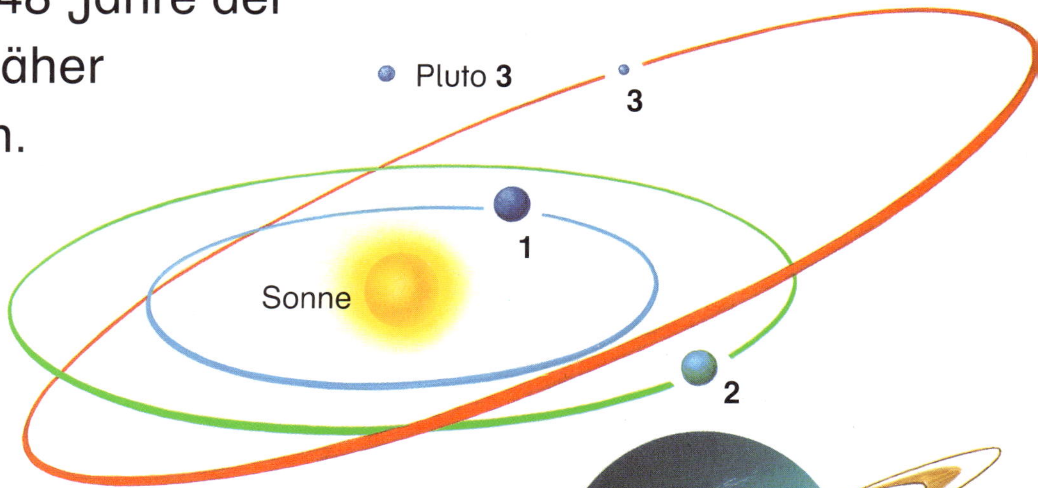

Pluto **3**

Uranus **1**

Neptun **2**

Eines der Gase in der Uranuslufthülle heißt Methan. Es sorgt für die blaugrüne Farbe des Planeten.

Wie heißt der kälteste Planet?

Speiseeis würde auf Pluto wie warme Suppe schmecken, da dort bittere Kälte mit –240 °C herrscht! Pluto ist wegen seiner großen Entfernung von der Sonne so kalt. Er ist von der Sonne rund vierzigmal weiter entfernt als die Erde.

Woher kennen wir die fernsten Planeten so gut?

Bevor die amerikanische Raumsonde Voyager 2 bei Uranus 1986 und Neptun 1989 vorbeiflog, wussten wir nicht viel von diesen beiden Planeten. Sie sind zu weit entfernt, um sie von der Erde aus gut zu beobachten. Selbst mit dem größten Fernrohr sieht man nicht viel.

Die Kameras von Voyager 2 zeigten, dass Neptun acht Monde hat. Die Astronomen auf der Erde konnten mit ihren Fernrohren nur zwei Monde entdecken.

● Voyager 2 verließ die Erde 1977 und erreichte Neptun 12 Jahre später im Jahr 1989.

Geschichte

In welcher Mitte lag das Mittelalter?

Wir nennen die Jahre zwischen dem Altertum und der Neuzeit in Europa das Mittelalter. Es begann um 470, als die Herrschaft der Römer zu Ende ging, und dauerte bis etwa 1450.

● Die Römer beherrschten einst den größten Teil Europas und Nordafrikas. Dann drangen kriegerische Stämme in ihr Reich ein, und es zerfiel in viele kleine Königreiche. Um 1450 bestand Europa wieder aus größeren Ländern, wie es auch in unserer Zeit ist.

● Die Karte oben zeigt die Völker und Orte, über die in diesem Buch gesprochen wird.

● Jm Mittelalter wusste niemand, wie die übrige Welt aussah.

● So stellten arabische Kartenzeichner die Welt um 1150 dar. Sie zeigten Asien, Nordafrika und Europa. Weder die Araber noch die Europäer hatten eine Ahnung davon, dass es noch andere Kontinente gab.

● Die meisten Menschen glaubten, die Erde sei eine flache Scheibe. Seeleute hatten Angst, sie würden über ihren Rand fallen, wenn sie sich zu weit von den Küsten entfernten!

Warum hatten Burgen eine Zugbrücke?

Eine Burg war von einem breiten, mit Wasser gefüllten Graben umgeben. Er sollte Feinde davon abhalten, die Mauern zu erstürmen. Besucher überquerten den Burggraben über eine Zugbrücke. Wenn Feinde anrückten, wurde sie hochgezogen.

● Spione und Verräter wurden im Verlies in Ketten gelegt. Das war ein dunkles, feuchtes Gefängnis voller Ratten und Spinnen!

● Manchmal umzingelten die Angreifer eine Burg und belagerten sie. Wenn die Burgbewohner nach Wochen oder Monaten nichts mehr zu essen und zu trinken hatten, mussten sie aufgeben.

● Überall in der Welt baute man zum Schutz von Dörfern und Städten dicke Steinmauern. Das Bild rechts zeigt eine ummauerte Stadt, die die Schona vor rund 1000 Jahren im südafrikanischen Simbabwe errichteten.

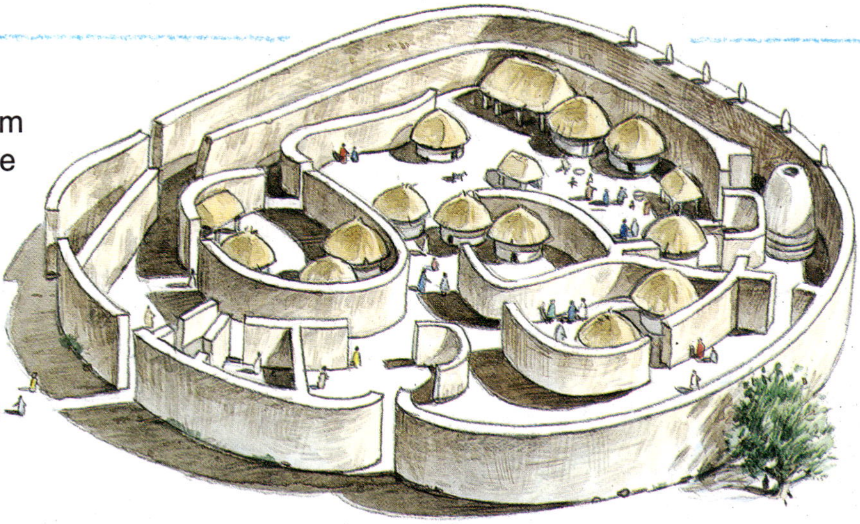

● Pueblo Bonito hieß eine von Mauern umgebene Stadt, die das Volk der Anasazi zwischen 950 und 1300 in Nordamerika baute.

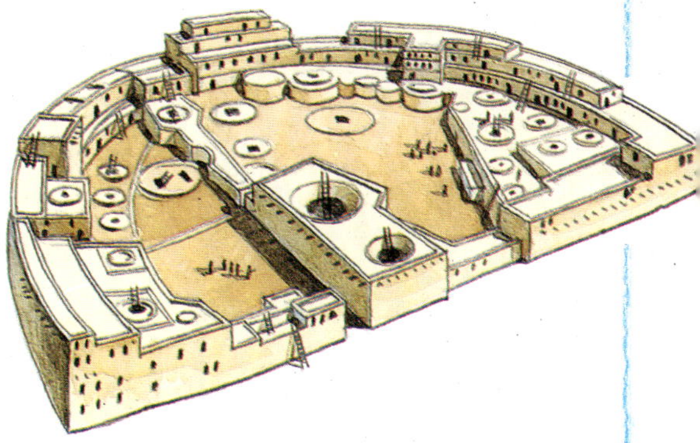

● Jm 14. Jahrhundert konnte man in Europa eiserne Kanonen herstellen. Nun war es schon leichter, die Mauern einer Burg zum Einsturz zu bringen – vorausgesetzt, das Schießpulver zündete!

Warum trugen Ritter eine Rüstung?

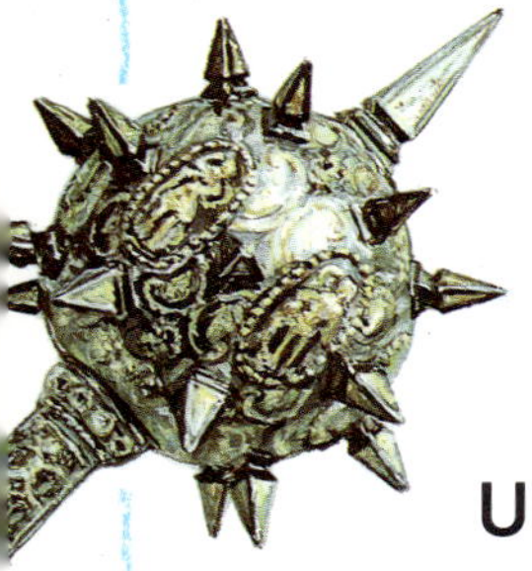

Jn einer Schlacht bekämpften sich Ritter mit Schwertern, Äxten, Pfeilen, langen, spitzen Lanzen und eisernen Keulen, Streitkolben genannt. Um sich vor diesen scharfen Waffen zu schützen, trugen sie eine Rüstung aus Metall, die den ganzen Körper bedeckte.

- Bis um 1200 trugen die meisten Ritter ein Kettenhemd. Es bestand aus miteinander verbundenen Metallringen. Später verstärkte man die Rüstung mit Eisenplatten. Am Ende des Mittelalters sah der Ritter wie eine Konservendose auf Beinen aus – von oben bis unten in Metall verpackt!

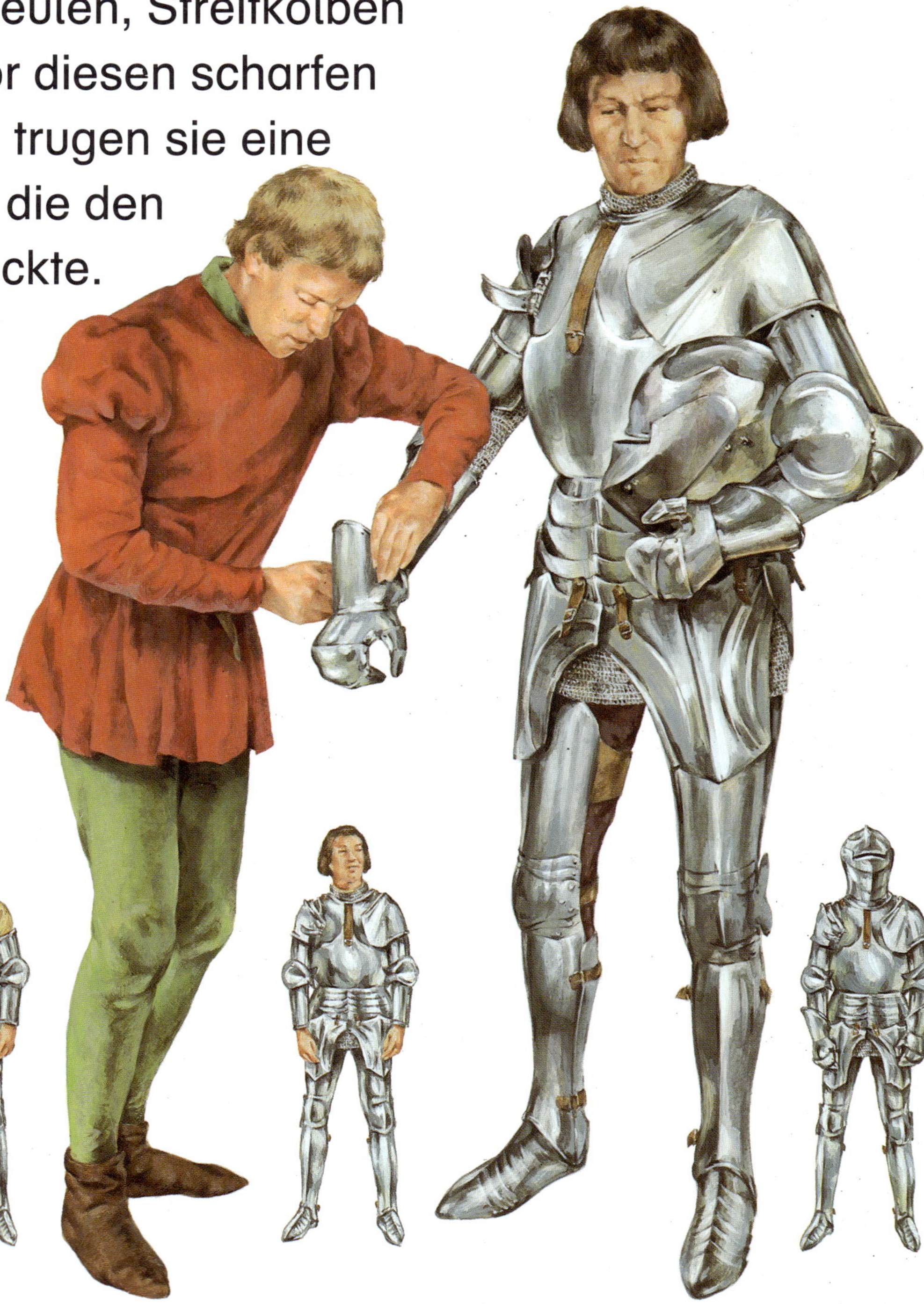

- Es war sehr umständlich, die Rüstung anzulegen. Ein Knappe half seinem Herrn, sich für die Schlacht fertig zu machen. Er war ein junger Adliger, der zum Ritter erzogen wurde. Um den Druck der schweren Rüstung abzupolstern, wurde darunter ein Unterkleid aus dickem Stoff getragen.

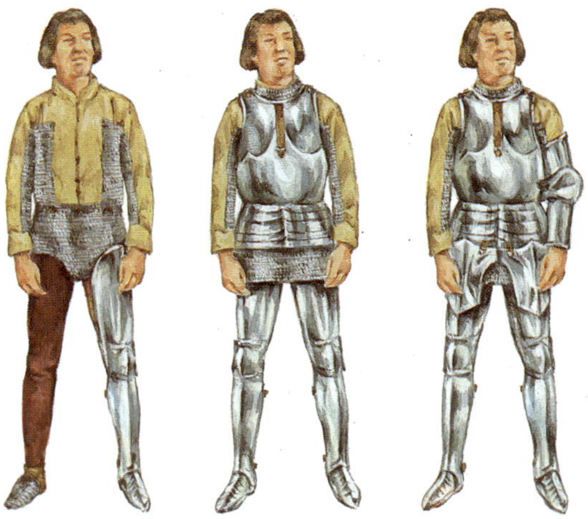

● Japanische Ritter hießen Samurai. Jhre Rüstung bestand aus Metallplättchen, die auf gepolsterten Teilen aus Leder oder Seide befestigt waren.

● Pfeil und Bogen wurden fast überall in der Welt als tödliche Waffen verwendet.

Englischer Langbogenschütze

Türkischer Armbrustschütze

Aztekenkrieger

Mongolischer Bogenschütze

● Ein Samurai nahm stets ein Bad, bevor er in den Kampf zog. So war er, falls er nicht überlebte, sauber und bereit, in den Himmel zu kommen.

Gab es auf Burgen Klos?

Ja, die Toiletten waren als kleine Erker oben in die Burgmauern gebaut. Alles fiel in den Burggraben oder in eine stinkende Abfallgrube, die ein unglücklicher Diener von Zeit und Zeit leeren musste.

Jm Mittelalter gab es kaum Toiletten. Die meisten Menschen benutzten Nachttöpfe und schütteten den übel riechenden Jnhalt einfach auf die Straße.

Was hielt man vom Baden?

Die Europäer waren damals nicht allzusehr versessen auf Reinlichkeit. Wer Geld hatte, konnte sich einen Besuch im öffentlichen Badehaus leisten. Nur die ganz Reichen besaßen ein eigenes Bad. Sie benutzten Bottiche aus Holz und hatten manchmal einen Splitter im Po!

● Jn Südeuropa kam Seife um 700 im Gebrauch. Bei den Nordeuropäern dauert es etwas länger, ehe sie sich auch hinter den Ohren wuschen!

● So sieht ein Pestfloh unter dem Mikroskop aus.

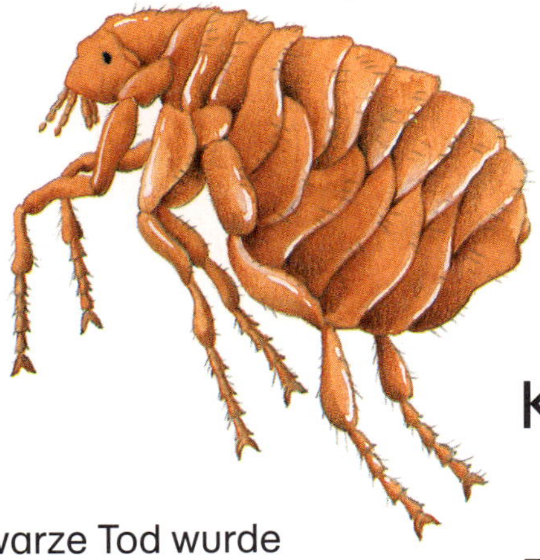

● Der schwarze Tod wurde 1338 aus Asien nach Europa eingeschleppt und breitete sich schnell aus. Die Seuche wurde durch den Stiche von Flöhen, die auf Ratten sitzen, auf den Menschen übertragen.

Was war der schwarze Tod?

„Schwarzer Tod" nannte man eine schreckliche ansteckende Krankheit, die Pest. Jm Mittelalter tötete sie überall in Europa und Asien Millionen von Menschen. Ganze Dörfer und Familien wurden ausgelöscht.

Warum trugen Könige und Königinnen Kronen?

Die Herrschenden waren im Mittelalter viel mächtiger als heute. Sie erließen die Gesetze, und jeder musste tun, was sie anordneten. Die glitzernde goldene Krone war ein Zeichen ihrer Macht – ebenso wie das Zepter oder der Thron.

● Jn vielen Ländern werden die Gesetze heute von einer Gruppe von Leuten erlassen, die wir Parlament nennen, und nicht mehr vom König oder der Königin.

Fürsten und Bischöfe

König und Königin

Ritter

Freie Männer und Frauen

Bauern

● Der König befahl den Fürsten, was sie tun sollten. Die Fürsten befahlen den Rittern, was sie tun sollten. Und alle befahlen den armen Bauern, was sie tun sollten.

● Der Herrscher der Jnka in Südamerika trug eine Krone aus Gold und Federn. Seine Kleidung war aus feinster Wolle gewebt.

Waren die Bauern zufrieden?

Nein, denn sie waren arm und machtlos. Darum erhoben sie sich manchmal gegen ihre Herren. So versuchten sie, ihre Lage ein wenig zu verbessern.

● Die Bauern mussten ihrem Herrn, dem das Land gehörte, einen Teil der Ernte und Geld abgeben – auch wenn sie selbst oft hungerten.

● Europäische Könige und Königinnen bekamen oft lustige Beinamen. Manche Herrscher waren gut, andere schlecht – und einige waren einfach nur hässlich!

Malcolm der Dickkopf
König von Schottland

Wladislaw der Kurze
König von Polen

Emanuel der Glückliche
König von Portugal

Warum aß man mit den Fingern?

Die Europäer benutzten beim Essen zwar Messer und Löffel, doch Gabeln waren unbekannt. Reiche wie Arme schoben stattdessen die Häppchen mit den Fingern in den Mund. Bei Festen reichten Diener Fisch und Fleisch in handlichen Stückchen, sodass man sich leicht bedienen konnte – es sei denn, sie lagen in einer glitschigen Soße!

- Das Trinkwasser war schmutzig und voller Krankheitskeime. Zum Glück tranken die meisten Menschen Wein oder Bier.

- Es waren durchaus keine schlechten Tischmanieren, wenn man die Knochen für die Hunde auf den Boden warf.

- Bei höfischen Festen war es üblich, einen riesigen Überraschungskuchen zu servieren. Wenn er angeschnitten wurde, sprangen Musikanten, Akrobaten oder fremdartige Tiere heraus.

- Bis zum 15. Jahrhundert kannte man kaum Teller. Stattdessen aß man von einer dicken Scheibe Brot, die man nach Beendigung des Mahls meist auch noch verzehrte.

Kannte man Kartoffeln?

Die Jnka in Südamerika bauten Kartoffeln an und aßen sie, aber bis Mitte des 16. Jahrhunderts waren sie sonst noch nirgendwo bekannt. Entdeckungsreisende brachten sie und viele andere neue Gemüsesorten aus Amerika nach Europa mit.

● Der Tisch der armen Bauern war nicht so reich gedeckt. Meist ernährten sie sich von dunklem Brot aus Roggen- oder Gerstenmehl, Haferbrei oder Gemüseeintopf.

● Die Jnka hielten Meerschweinchen als Haustiere, so wie die Bauern in anderen Ländern Schweine hielten. Meerschweinchen werden noch heute in Peru gegessen.

Gab es schon Kaugummi?

Das Volk der Maya in Mittelamerika gewann aus dem Harz des Zapote-Baums eine Art Kaugummi. Es hieß Chicle.

Warum hatten Kirchen Türme?

Kirchtürme sahen aus wie Finger, die in den Himmel zu Gott wiesen. Jm Mittelalter gaben die Menschen überall in der Welt ihrem Glauben Ausdruck, indem sie prächtige Kirchen, Moscheen oder Tempel errichteten.

● Selbst das Dach und die Dachrinnen einer Kirche wurden verziert. Manchmal floss das Wasser aus den Mündern hässlicher Fratzen ab, die man Wasserspeier nannte. Die Fratzen sollten den Teufel abschrecken.

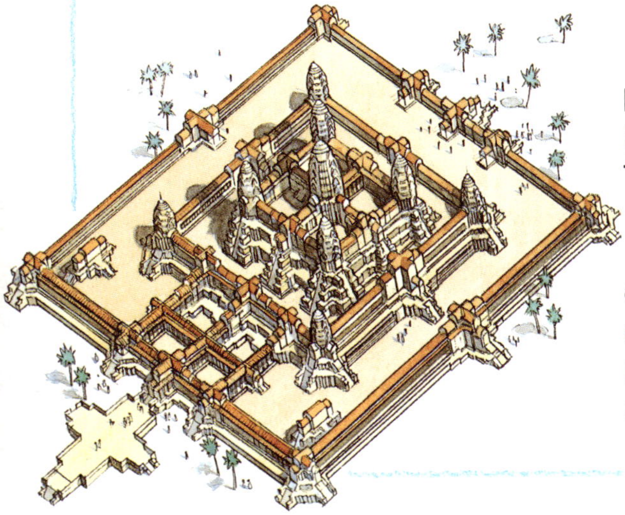

● Das größte heilige Bauwerk der Erde ist der Hindu-Tempel von Angkor Wat in Kambodscha. Er wurde um 1100 errichtet. Jnnerhalb seiner Mauern könnte man 8317 Tennisplätze unterbringen!

Warum hatten Moscheen Minarette?

● Wer in großer Höhe auf schmalen hölzernen Gerüsten an der Turmspitze arbeitete, hatte einen gefährlichen Job!

Minarette sind die schlanken, hohen Türme auf Moscheen, den Bauten, in denen Moslems zu Gott beten. Auch sie zeigen zum Himmel hinauf. Oben am Minarett ist ein Balkon, von dem aus ein Mann, der Muezzin, die Gläubigen zum Gebet ruft.

● Jm Jahre 803 beendeten Mönche ihre Arbeit an der 70 Meter hohen Figur von Buddha, die sie aus einem steil aufragenden Felsen nahe der Stadt Leshan in China geschlagen hatten. Zwei Menschen können auf einem der Zehennägel bequem sitzen! Gautama Buddha war ein großer Religionslehrer, der 560 vor Christus in Jndien geboren wurde.

Mussten Kinder zur Schule gehen?

Jm Mittelalter gab es kaum Schulen, und die meisten Kinder besuchten nie eine. Manchmal wurde eine Schule von einer Kirche, einer Moschee oder einem Tempel geführt. Doch dort unterrichtete man die Kinder hauptsächlich in Religion. Nur wenige lernten auch Lesen und Schreiben.

● Manche Jungen, selten auch Mädchen, wurden in die Fremde geschickt, um ein Handwerk zu erlernen. Sie gingen dann zum Beispiel bei einem Fleischer oder Wollhändler in die Lehre.

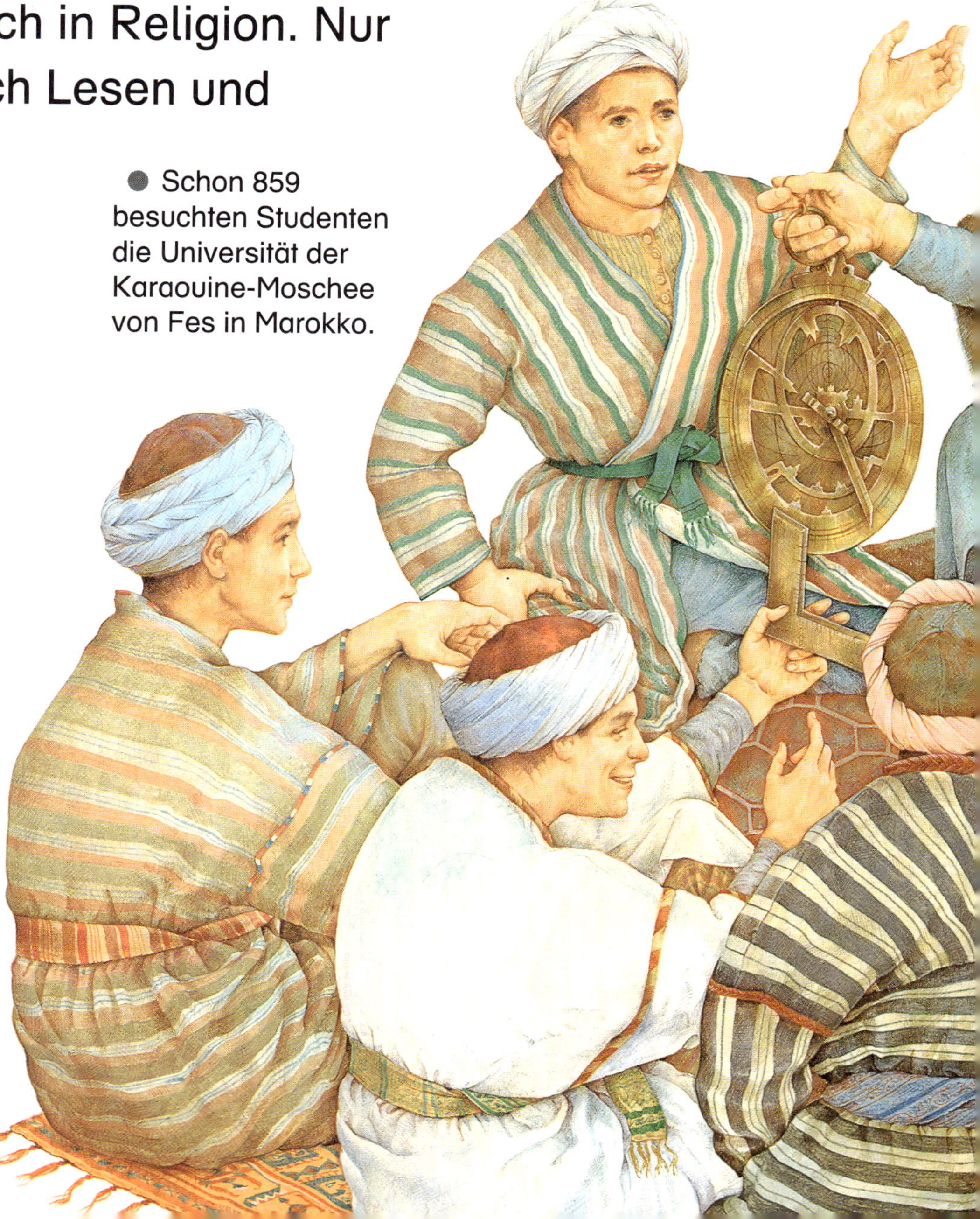

● Schon 859 besuchten Studenten die Universität der Karaouine-Moschee von Fes in Marokko.

● Obwohl nur wenige Mädchen eine Schule besuchten, gab es doch einige berühmte Schriftstellerinnen. Jm 14. Jahrhundert kämpfte die Französin Christine de Pisan als eine der ersten für die Rechte und die Würde der Frauen.

römisch	I	II	III	IV	V	VI	VII	VIII	IX	X
indisch	१	२	३	४	५	६	७	८	९	१०
arabisch	١	٢	٣	٤	٥	٦	٧	٨	٩	١٠
europäisch (Mittelalter)	1	2	3	4	5	6	7	8	9	10
arabisch (modern)	1	2	3	4	5	6	7	8	9	10

● Anfang des 14. Jahrhunderts schrieben 2000 chinesische Gelehrte an dem bis dahin dicksten Lexikon. Es hatte 12 937 Kapitel! Wenn man täglich eines lesen würde, bräuchte man 60 Jahre, bis man es durchgelesen hätte!

● Die Araber schrieben ihre Zahlen ähnlich wie die, die Jnder vor ihnen entwickelt hatten. Jm Mittelalter übernahmen die Gelehrten Europas diese Zahlen und verwendeten die alten römischen nicht mehr.

Wozu brauchten die Inka Knoten?

Die Jnka kannten keine Schrift. Sie gebrauchten aber lange, farbige Schnüre, die Quipu. Jn diese knüpften sie Knoten, mit denen sie zählten und vieles aufzeichneten.

● Nur die Kinder einiger Jnka-Fürsten lernten das Geheimnis der Knotenschrift kennen. Bis heute hat sich auch der klügste Wissenschaftler beim Versuch, sie zu entziffern, in den Schnüren verheddert!

Wurde schon Fußball gespielt?

Fußball wurde nicht wie heute auf einem Feld und mit zwei Mannschaften gespielt, doch Jungs dribbelten den Ball schon damals durch die Straßen. Weil sie dabei soviel Lärm machten und Leute umstießen, wurde in London der Fußball um 1300 vom König verboten.

● Fußbälle wurden aus Schweinsblasen hergestellt.

● Azteken und Maya spielten mit einem Gummiball auf einem steingepflasterten Platz das Ballspiel Tlachtli. Es wurde ähnlich wie Basketball gespielt.

● Das amerikanische Ballspiel Lacrosse wurde zuerst von dem Jndianervolk der Jrokesen gespielt. Es konnte mehrere Stunden dauern, und zu einer Mannschaft gehörten mehr als 1000 Mann!

Was war das Narrenfest?

Das Narrenfest wurde in vielen Gegenden Europas um die Jahreswende gefeiert. Einfache Leute verkleideten sich und verspotteten Herren und Priester mit derben Gesängen und Späßen.

Was waren No-Schauspiele?

Jn Japan wurden No-Schauspiele gezeigt, bei denen die Schauspieler Masken trugen und mit Musik, Tanz und Gesang Geschichten erzählten. No-Spiele entstanden im 14. Jahrhundert.

Wo lebte Robin Hood?

Jn den Geschichten, die im Mittelalter über ihn entstanden, lebte Robin Hood mit seinen Gesellen im Wald von Sherwood bei der englischen Stadt Nottingham. Seine Begleiter und er wurden als Banditen verfolgt, weil sie das Gesetz brachen. Sie raubten die Reichen aus und gaben das Geld den Armen.

- Hat Robin Hood wirklich gelebt? Niemand weiß das so genau. Jm Mittelalter war es üblich, Leute wegen eines Vergehens aus der Gesellschaft auszustoßen. Es ist möglich, dass einer oder mehrere dieser Personen das Vorbild für Robin Hood abgaben.

- Seit mehr als 600 Jahren gibt es Geschichten über Robin Hood, seine Gesellen und das Mädchen Marian.

- Jeder hört gerne eine gute Geschichte. Heute können wir uns Bücher, Filme oder Videos ansehen. Jm Mittelalter lauschten die Menschen den Geschichtenerzählern.

Wer war Johanna von Orléans?

Johanna war ein französisches Bauernmädchen, das während eines Krieges zwischen England und Frankreich aufwuchs. Mit 17 Jahren zog sie eine Rüstung an und befreite die von den Engländern belagerte Stadt Orléans. Ein Jahr später geriet sie in englische Gefangenschaft und wurde zum Tode verurteilt.

Wer war schon als Junge ein Krieger?

Temudschin war der Sohn eines Mongolenfürsten in Zentralasien. Er wurde 1162 geboren und war schon mit 13 Jahren, als sein Vater starb, ein Krieger. Er nannte sich nun Dschingis Khan. Unter seiner Führung unterwarfen die Mongolen viele Länder in Asien.

Warum lagen Bücher an der Kette?

Bis zum 15. Jahrhundert waren Bücher sehr selten, weil sie mühselig von Hand geschrieben werden mussten – es gab noch keine Maschinen, mit denen man in kurzer Zeit viele Bücher drucken konnte. Darum waren Bücher so kostbar, dass man sie zum Schutz vor Diebstahl ankettete.

● Mönche schrieben Bücher mit Gänsekielen, die sie in Tinte tauchten. Sie schmückten sie wunderschön mit Bildern, für die sie bunte Farben und sogar Blattgold verwendeten.

● Bereits vor 1300 Jahren verstanden es die Chinesen, Bücher zu drucken, statt sie abzuschreiben. Sie benutzten dazu Holzstempel.

● Der Deutsche Johannes Gutenberg erfand um 1440 den Buchdruck. Für seine Druckerpresse verwendete er bewegliche Bleibuchstaben, die beliebig zu Wörtern zusammengestellt werden konnten.

Warum wusste man nie genau, wie spät es war?

Es gab Wasseruhren, aus denen das Wasser gleichmäßig ablief, doch im Winter gefror es zu Eis. Man benutzte auch Kerzen, an denen man die Zeit ablas, während sie abbrannten, aber sie verlöschten leicht. Und es gab Sonnenuhren, an denen man die Zeit am Schatten ablas – doch oft war der Himmel bewölkt!

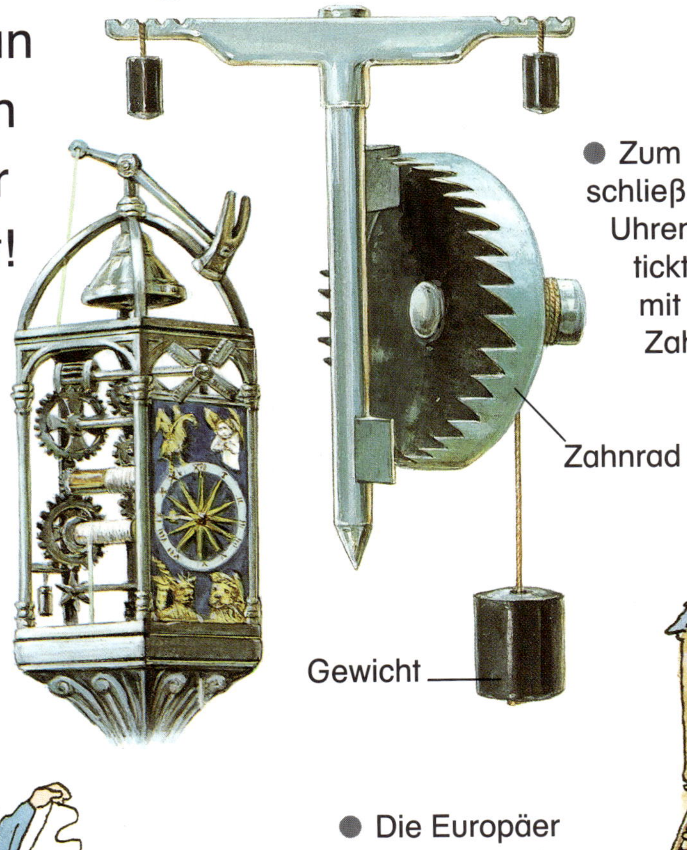

● Zum Glück erfand man schließlich mechanische Uhren, die gleichmäßig tickten! Man hielt sie mit Gewichten und Zahnrädern in Gang.

● Spinnräder kamen um 1200 aus China und Jndien nach Europa. Wie alle guten Erfindungen, erleichterten sie das Leben – es war einfacher, beim Spinnen ein Rad zu drehen, als mit einer Spindel zu hantieren.

● Die Europäer bauten erst Ende des 12. Jahrhunderts Windmühlen, um ihr Getreide zu mahlen. Bei den Persern gab es sie schon sehr viel früher.

Unser Körper

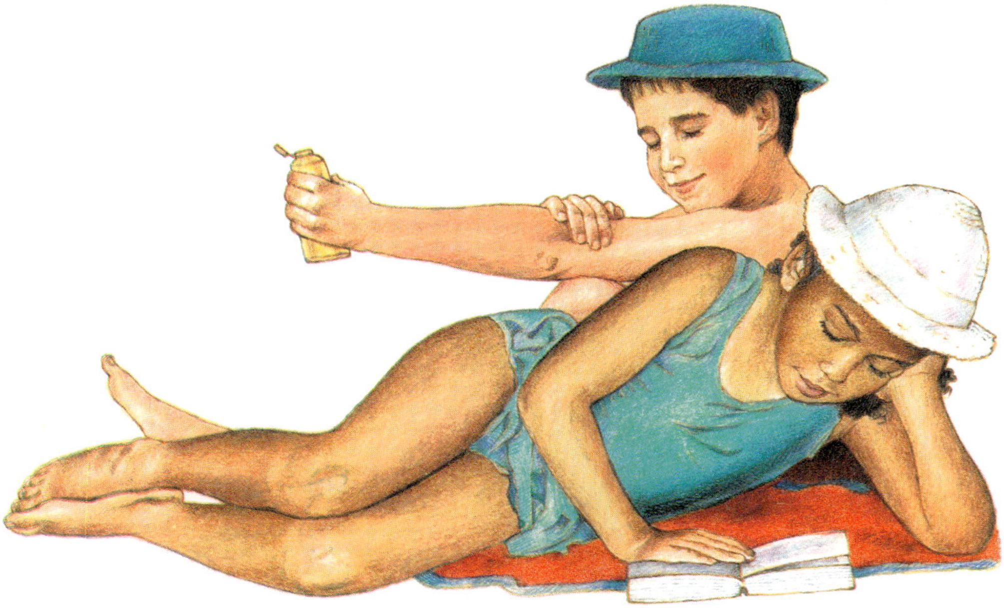

Ist mein Körper genau so wie der von anderen Leuten?

Auf der ganzen Welt gibt es keinen Menschen, der dir genau gleicht – du bist einmalig! Doch obwohl du anders bist als alle anderen, ist dein Körper genau so aufgebaut wie ihrer. Er besteht aus denselben Einzelteilen, die all die verschiedenen Aufgaben erfüllen, um dich am Leben zu erhalten.

- Jeder Mensch hat die unten abgebildeten wichtigen Teile in seinem Körper.

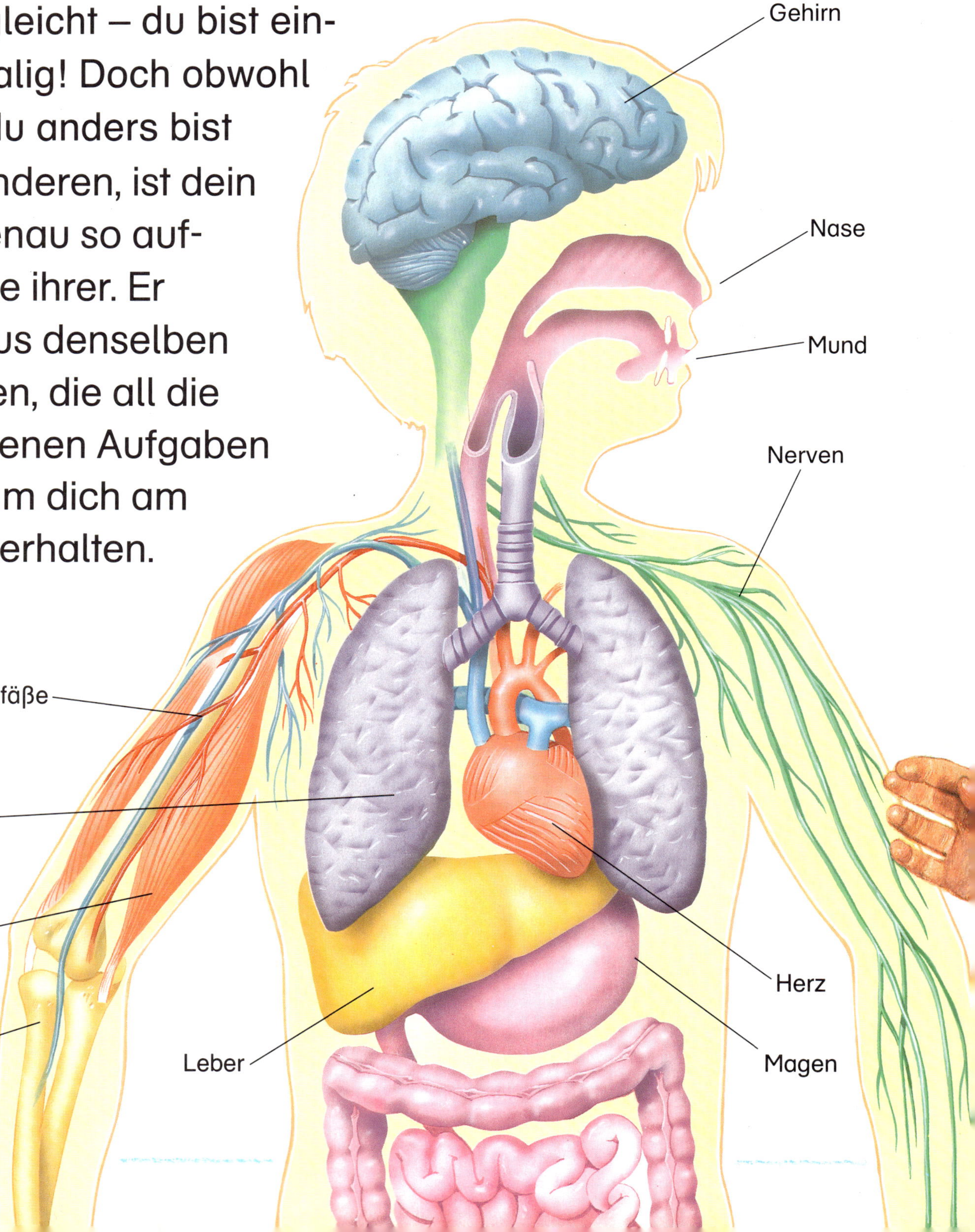

● Hier siehst du, worin sich die Körper von Menschen unterscheiden können.

Das Haar kann dunkel, blond oder rot sein, gelockt, gewellt oder glatt.

Die Augen können blau, braun, grau oder grün sein.

Die Nasen können unterschiedlich geformt sein.

Manche Leute haben Sommersprossen.

Die Muskeln sind verschieden groß.

Es gibt viele verschiedene Hautfarben.

Manche Menschen sind groß, andere klein.

Manche Menschen sind dick, andere dünn.

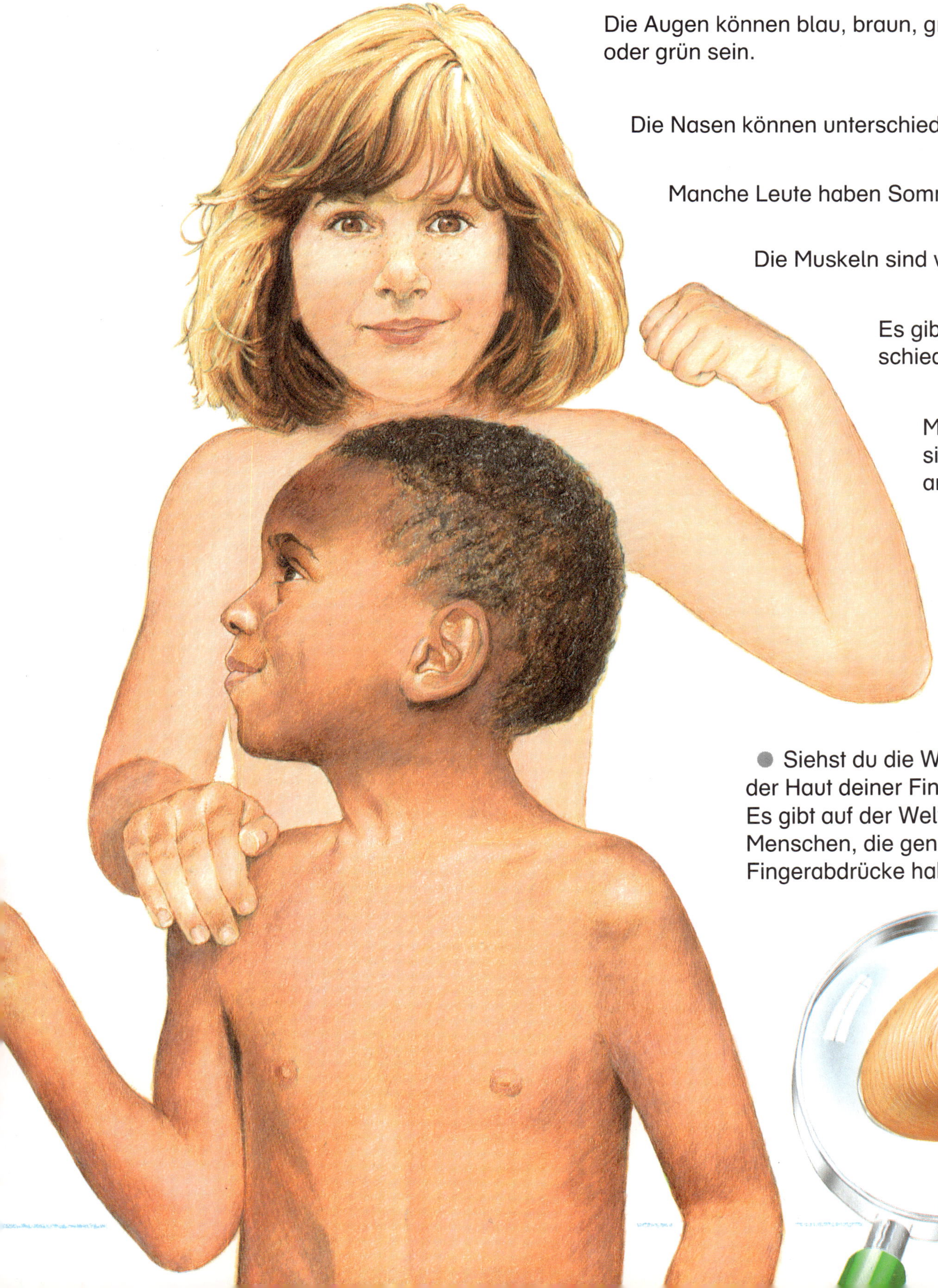

● Siehst du die Wellenlinien in der Haut deiner Fingerspitzen? Es gibt auf der Welt keine zwei Menschen, die genau dieselben Fingerabdrücke haben.

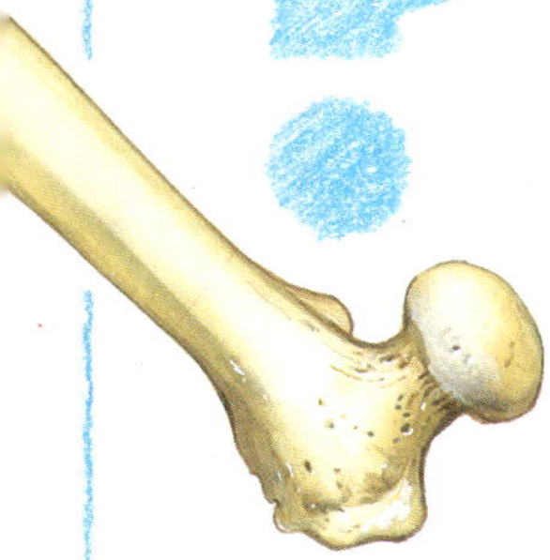

Wie viele Knochen habe ich?

Als du geboren wurdest, hattest du etwa 350 Knochen. Doch wenn du erwachsen bist, werden es nur noch ungefähr 200 sein! Die fehlenden Knochen gehen natürlich nicht verloren. Aber wenn du älter wirst, wachsen viele kleinere Knochen zu größeren zusammen.

● Ohne die Knochen, die dir deine Form geben, würdest du aussehen wie ein weicher, schlapper Sack.

● Deine Knochen bestehen zum Teil aus einem harten, steinähnlichen Material, das Kalzium heißt, aber anders als Steine sind sie lebendig. Sie wachsen mit dir.

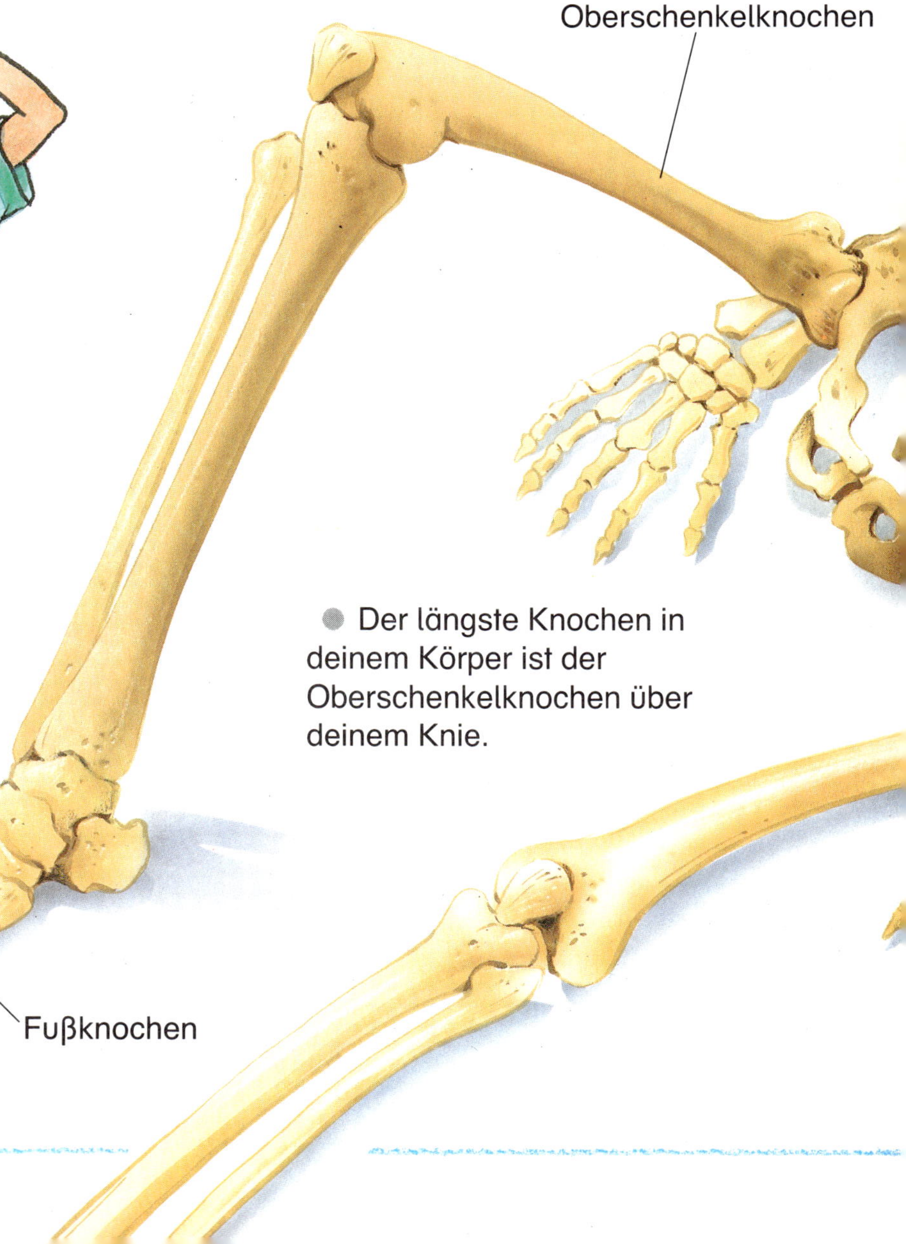

● Der längste Knochen in deinem Körper ist der Oberschenkelknochen über deinem Knie.

● Die meisten Menschen haben zwölf Rippenpaare, manche sogar dreizehn. Sie schützen Herz und Lunge.

● Dein Schädel besteht zwar aus vielen Knochen, doch die meisten von ihnen sind miteinander verwachsen. Nur der Kieferknochen ist beweglich.

● Knochen sind sehr hart und stabil. Sie schützen die empfindlichen Teile im Jnnern des Körpers (zum Beispiel das Gehirn) vor Verletzungen.

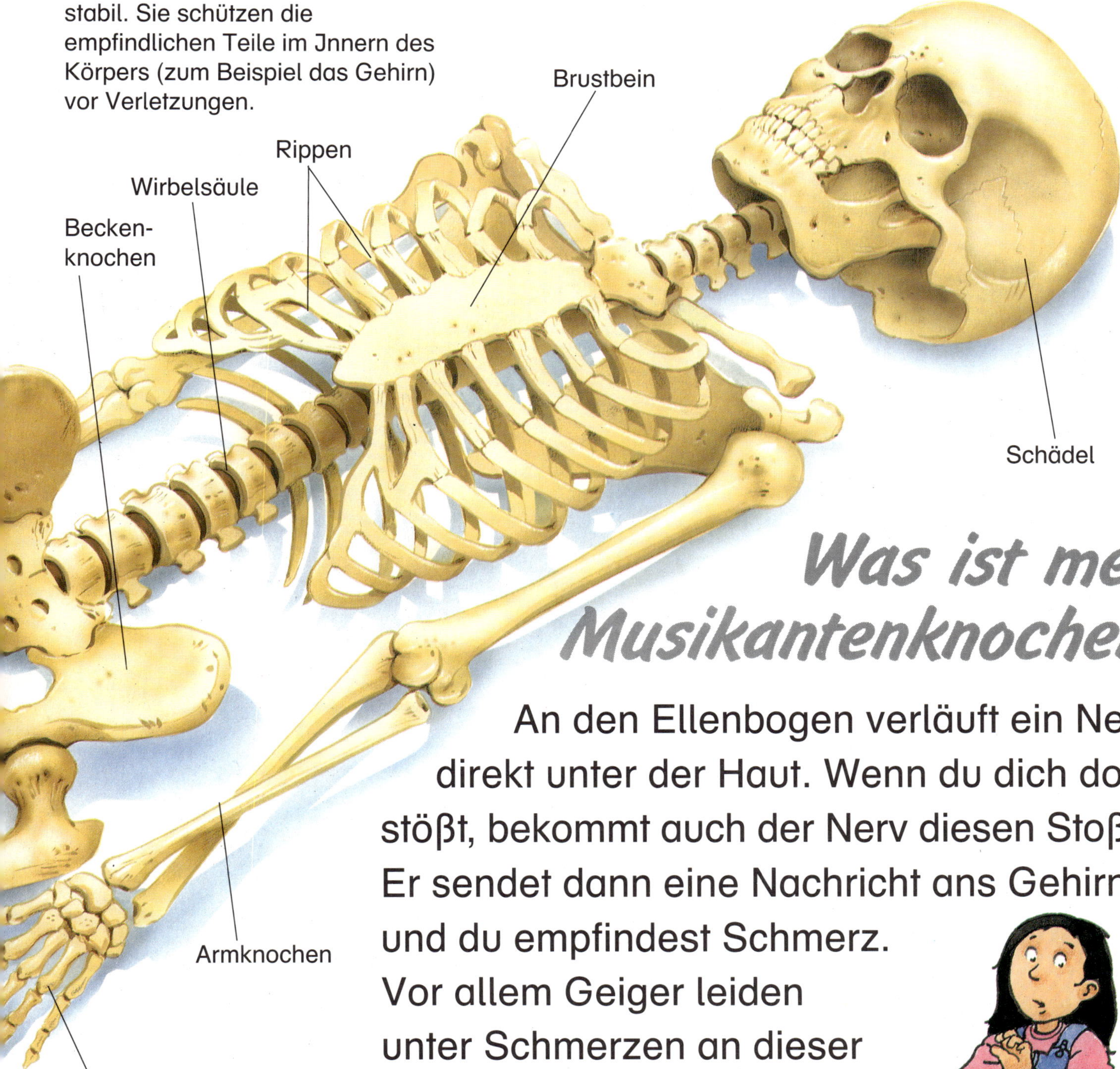

Was ist mein Musikantenknochen?

An den Ellenbogen verläuft ein Nerv direkt unter der Haut. Wenn du dich dort stößt, bekommt auch der Nerv diesen Stoß ab. Er sendet dann eine Nachricht ans Gehirn, und du empfindest Schmerz. Vor allem Geiger leiden unter Schmerzen an dieser Stelle, weil sie den Arm viel bewegen – daher der Name.

Wie bewege ich mich?

Die Muskeln bewegen die Knochen. Wenn du lachst oder weinst, sprichst oder isst, läufst oder springst, tun deine Muskeln die Arbeit.

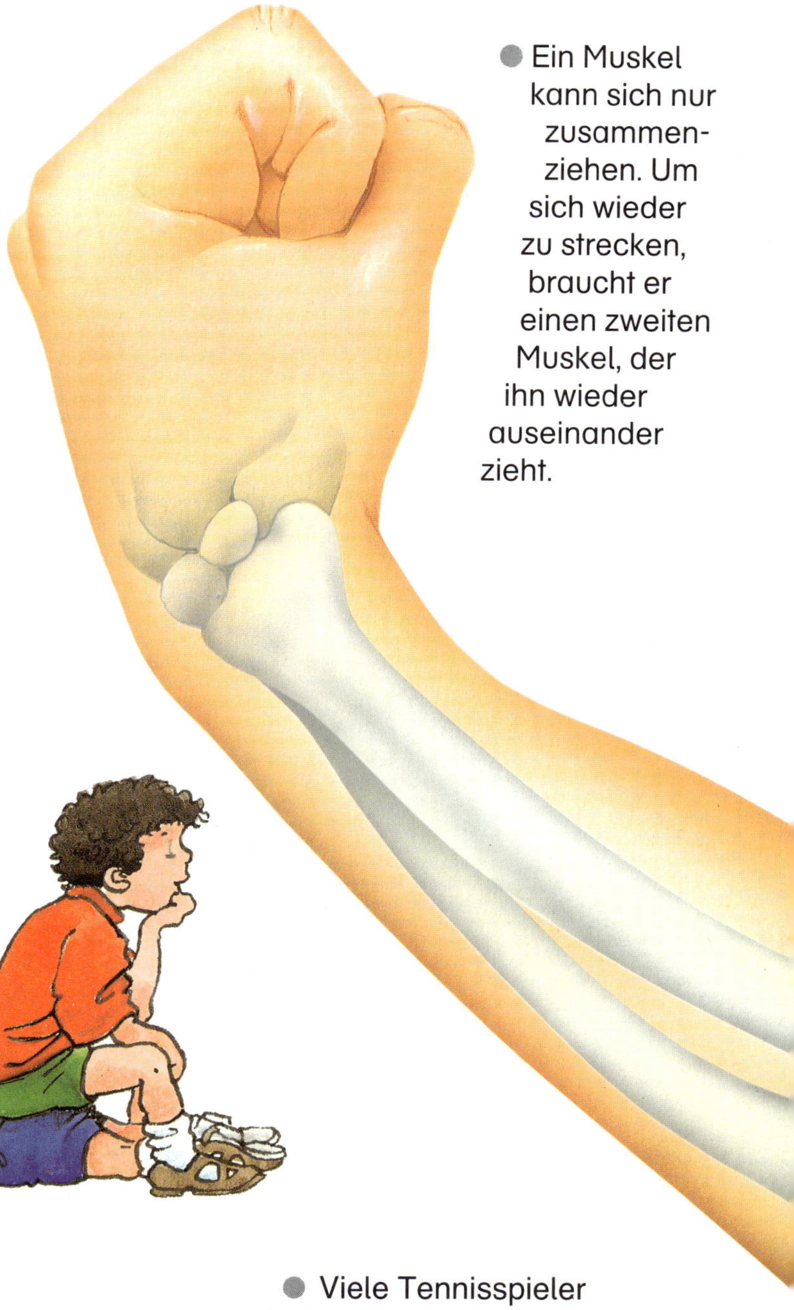

● Ein Muskel kann sich nur zusammenziehen. Um sich wieder zu strecken, braucht er einen zweiten Muskel, der ihn wieder auseinander zieht.

● Die größten Muskeln sind die, auf denen du sitzt!

Warum haben starke Menschen große Muskeln?

Muskeln, die viel gebraucht werden, werden groß und kräftig. Aus diesem Grund müssen Sportler viel trainieren.

● Viele Tennisspieler haben in dem Arm, mit dem sie den Schläger führen, stärkere Muskeln als im anderen.

Um einen Knochen zu bewegen, verkürzt sich ein Muskel und zieht den Knochen in eine Richtung. Um den Knochen wieder zurückzuziehen, verkürzt sich ein anderer Muskel. Die Muskeln sind durch starke weiße Sehnen an den Knochen befestigt.

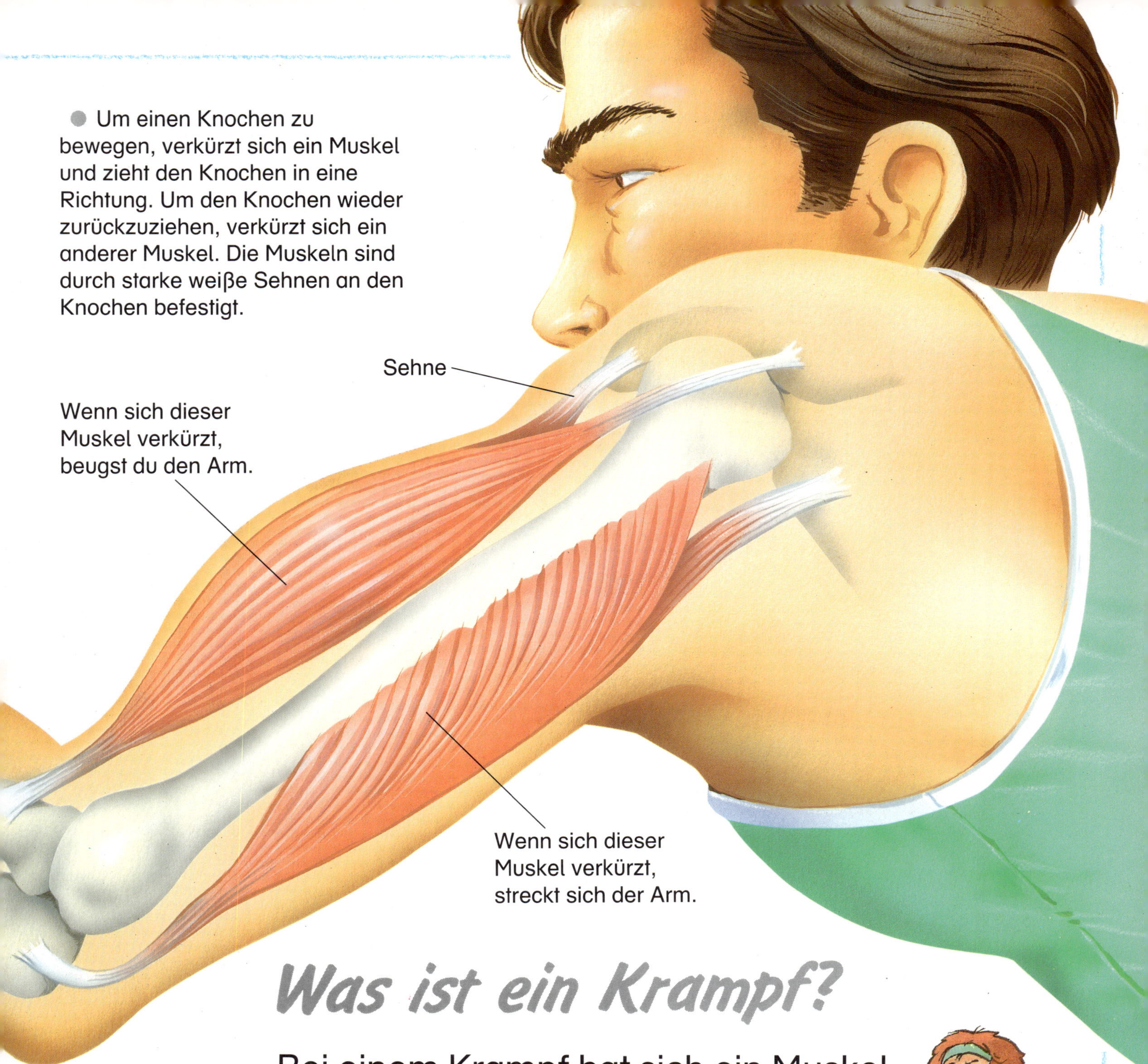

Was ist ein Krampf?

Hast du nach dem Laufen schon einmal Seitenstechen gehabt? Das sind Schmerzen direkt unter den Rippen. Dann hattest du einen Krampf in den Atemmuskeln unter der Lunge.

Bei einem Krampf hat sich ein Muskel zusammengezogen und lässt sich nicht wieder auseinander ziehen. Das tut sehr weh. Niemand weiß genau, warum es zu solchen Krämpfen kommt, aber es hilft, wenn man den betroffenen Körperteil vorsichtig bewegt und reibt.

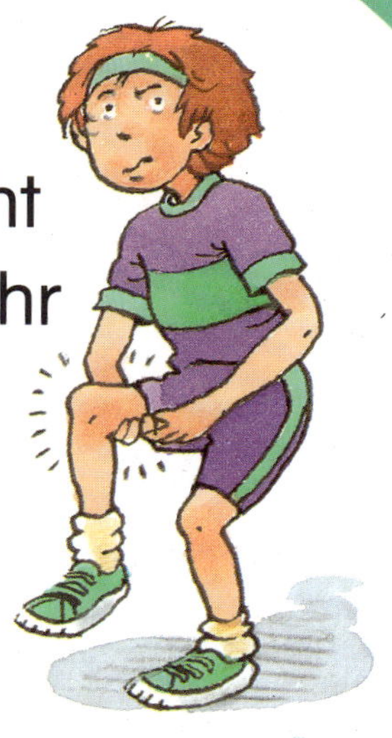

Warum atme ich?

Beim Atmen saugst du Luft in deinen Körper. Ohne Luft kannst du nicht leben, nicht einmal ein paar Minuten lang.

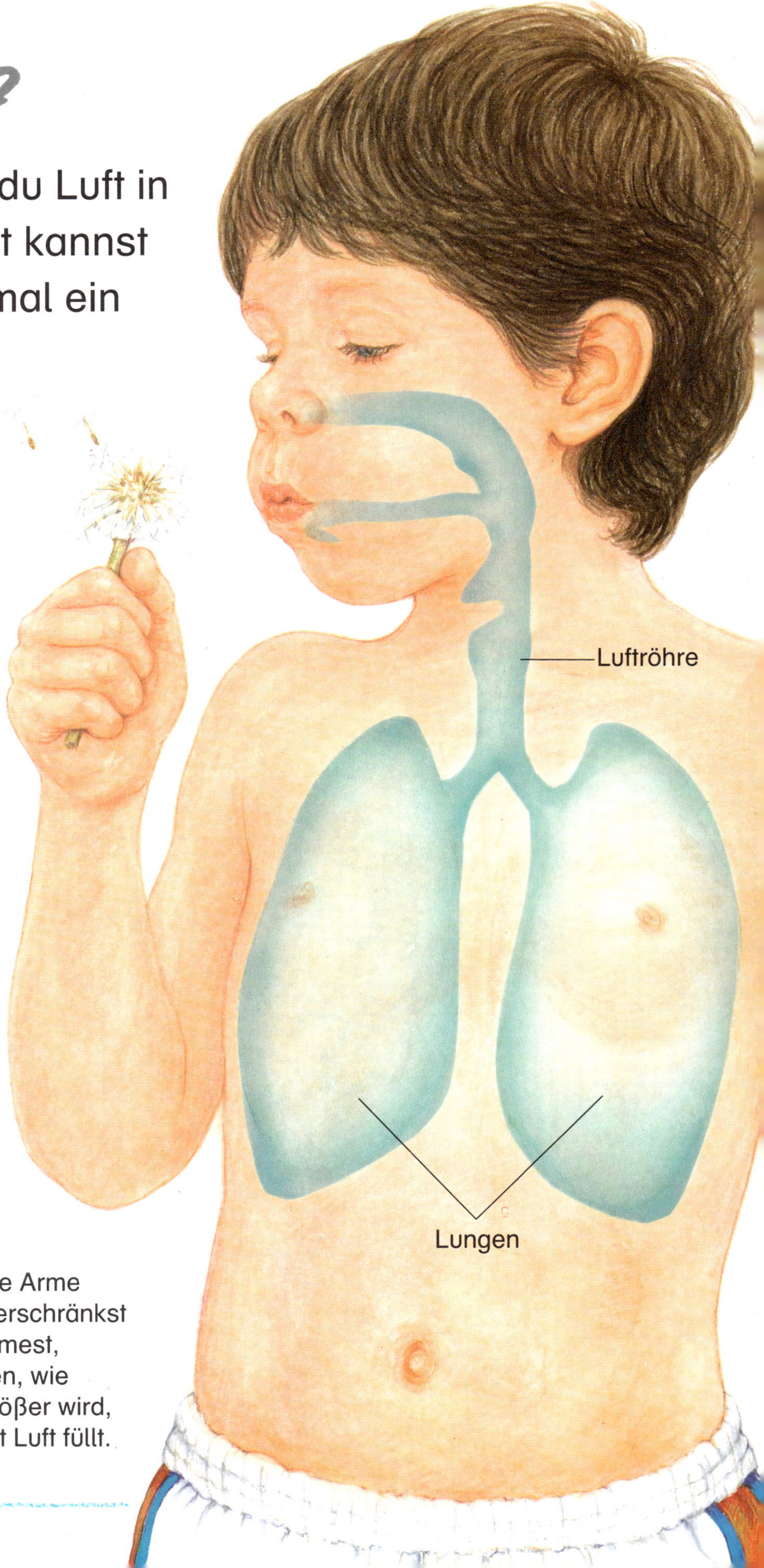

Der Grund: Jn der eingeatmeten Luft ist ein Gas enthalten, das Sauerstoff heißt, und dein Körper braucht Sauerstoff zum Leben.

- Beim Einatmen strömt die Luft durch die Luftröhre. Sie wird von den schwammartigen Lungen aufgenommen.

- Wenn du die Arme vor der Brust verschränkst und dann einatmest, kannst du fühlen, wie deine Lunge größer wird, weil sie sich mit Luft füllt.

Woher kommt der Schluckauf?

Unter der Lunge liegt das Zwerchfell, eine große Muskelplatte, die dir beim Atmen hilft. Wenn dieser Muskel mal unregelmäßig zuckt, wird Luft ruckweise in deine Lunge gesaugt und du bekommst einen Schluckauf. Damit nicht zu viel Luft in die Lunge strömt, schließt sich eine Klappe in der Luftröhre. Sie schneidet den Luftstrom so plötzlich ab, dass dein ganzer Körper zuckt.

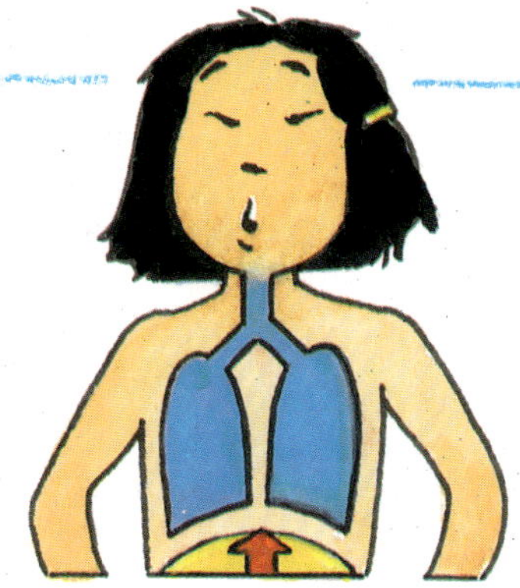

● Die Luft strömt ein.

● Die Klappe in der Luftröhre schlägt zu: So entsteht das Schluckauf-Geräusch.

Warum muß ich niesen?

Wenn Staub oder Bakterien in deine Nase geraten, niest du, um sie loszuwerden. Die Luft schießt aus der Lunge, und die Nase wird frei.

● Beim Niesen saust die Luft mit mehr als 160 Stundenkilometern durch deine Nase!

Was tut mein Herz?

Dein Herz ist ein großer, hohler Muskel, der das Blut durch den Körper befördert. Wenn du dir die Hand auf die Brust legst, kannst du fühlen, wie es schlägt. Mit jedem Schlag pumpt es das Blut durch den Körper.

● Dein Körper verbraucht pausenlos Sauerstoff. Deshalb muss er ständig neuen Sauerstoff aus den Lungen bekommen.

● Wenn du hören willst, wie ein Herz schlägt, lege dein Ohr an einem ruhigen Ort auf die Brust eines Freundes. Du hörst zwei dicht aufeinander folgende Laute, die klingen wie „lab-dab, lab-dab".

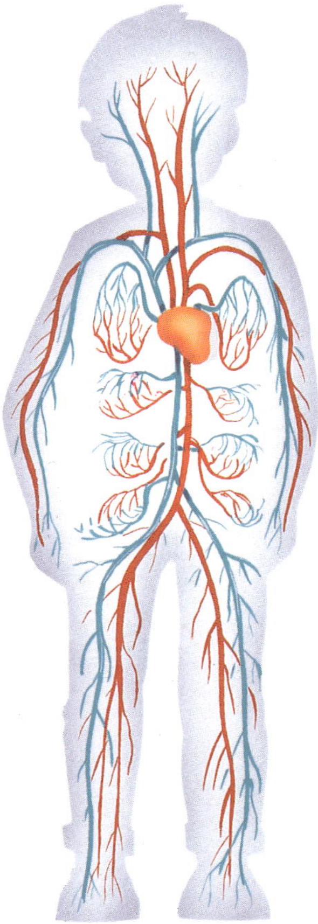

● Das Blut fließt durch dünne Röhren, die Blutgefäße genannt werden.

● Eine Seite des Herzens pumpt Blut zur Lunge, wo es Sauerstoff aufnimmt. Die andere Seite pumpt das Blut durch den Körper.

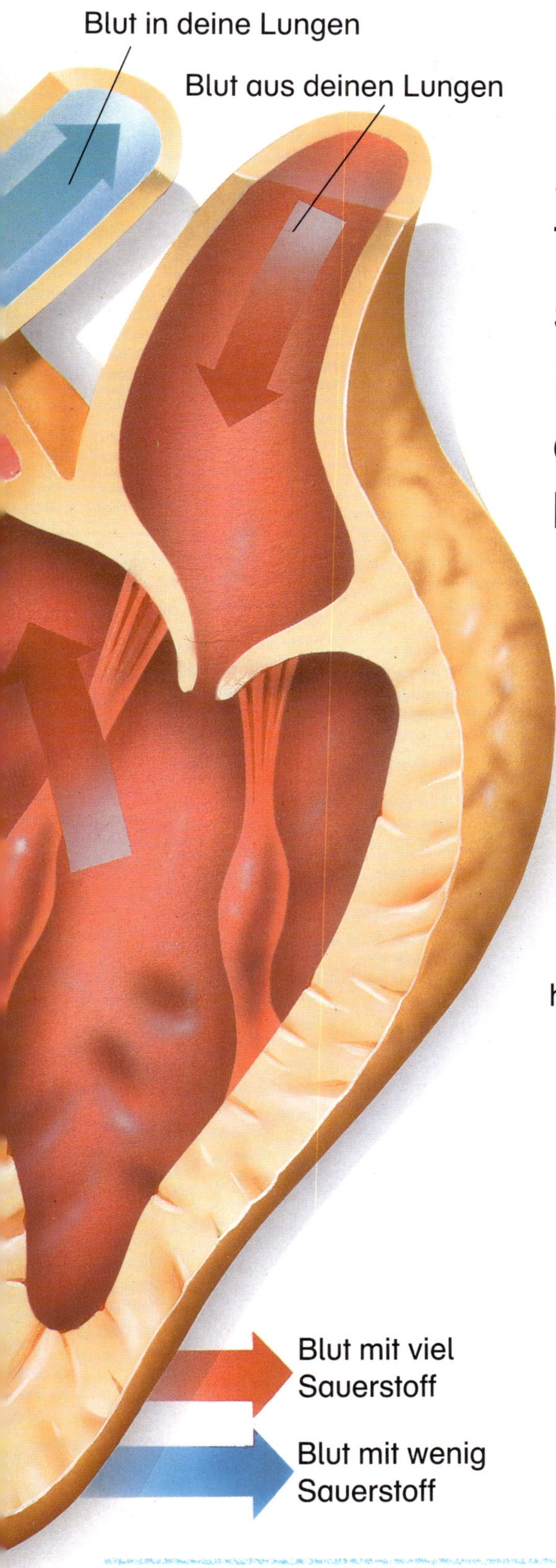

Wozu brauche ich Blut?

● Die meisten Jnsekten haben farbloses Blut.

Dein Blut ist eine Art schnell fließender Fluss, der durch deinen Körper strömt. Es übernimmt die Aufgabe des Transports. So befördert es zum Beispiel Sauerstoff aus der eingeatmeten Luft und Nährstoffe aus deiner Nahrung dorthin, wo der Körper sie gerade braucht. Außerdem hilft es bei der Abwehr von Krankheiten.

● Als Baby hattest du nur knapp einen Liter Blut – kaum eine Milchpackung voll. Wenn du erwachsen bist, wirst du etwa fünf Liter Blut in dir haben – fast einen halben Eimer voll!

Wie groß ist mein Herz?

Dein Herz wächst mit dir. Es ist immer ein bisschen größer als deine Faust.

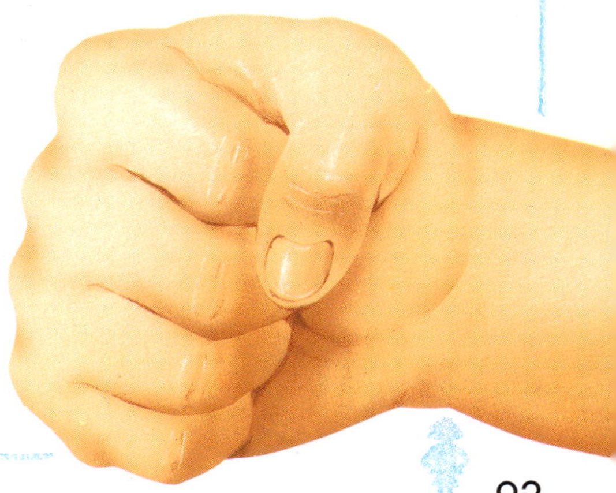

Warum blinzle ich?

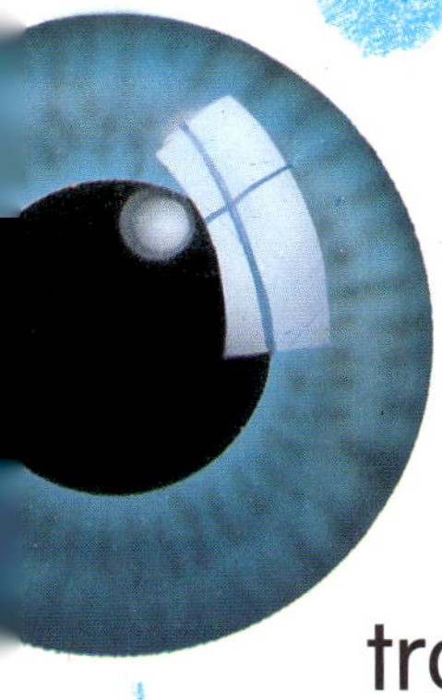

Jn deinen Augen sind immer Tränen, nicht nur, wenn du weinst. Durch das Blinzeln werden die Tränen über die Augen verteilt, sodass sie nicht austrocknen und wehtun.

● Die Jris ist der farbige Teil des Auges. Sie wirkt ähnlich wie ein Vorhang vor einem Fenster – wenn es dunkel ist, geht die Jris weit auf, damit mehr Licht in das Auge fällt. Wenn es sehr hell ist, zieht sie sich zusammen, um das Auge vor zu viel Licht zu schützen.

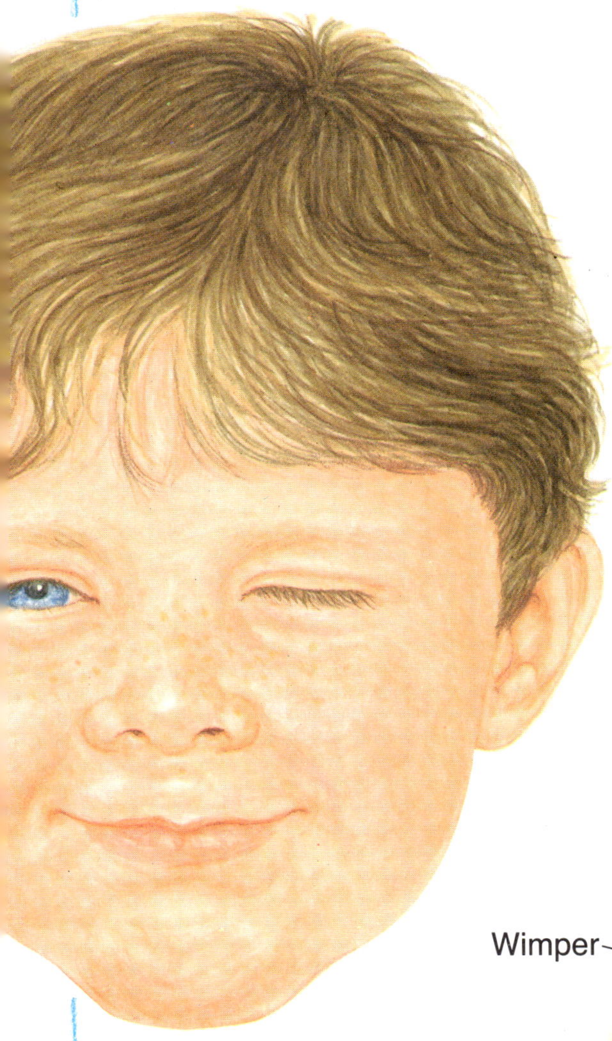

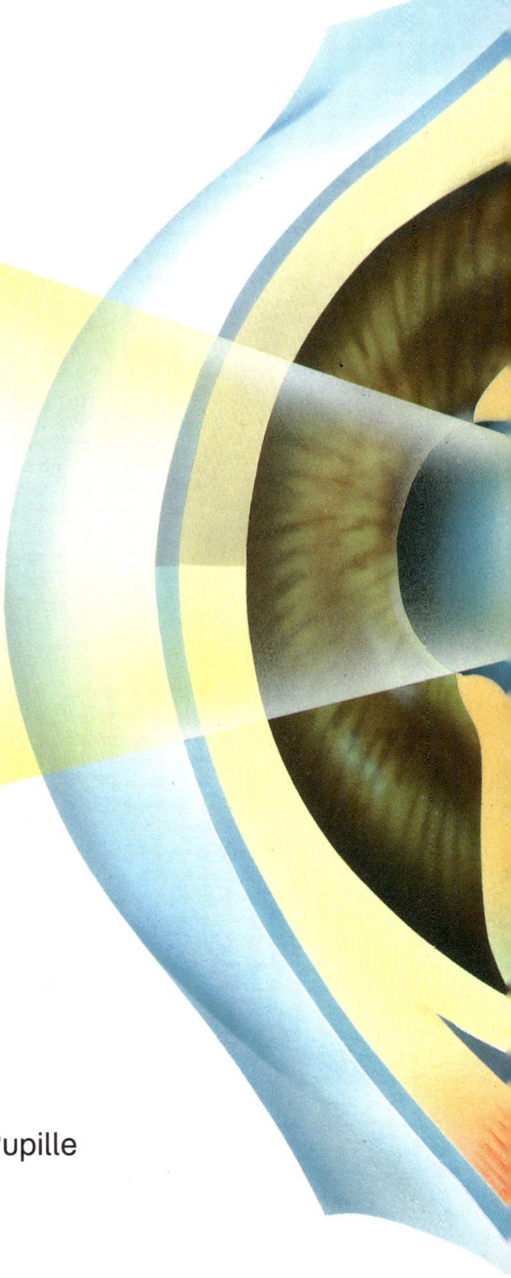

● Ein Blinzeln dauert etwa ein Drittel einer Sekunde. Du blinzelst jeden Tag viele tausendmal.

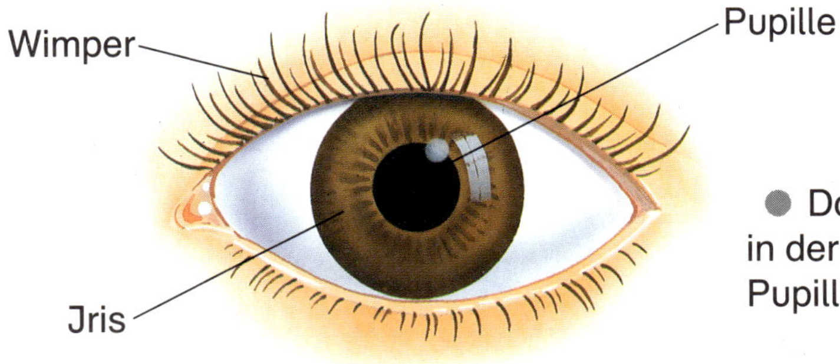

● Die Wimpern helfen, Staub und Schmutz von den Augen fernzuhalten.

● Das schwarze Loch in der Mitte des Auges heißt Pupille.

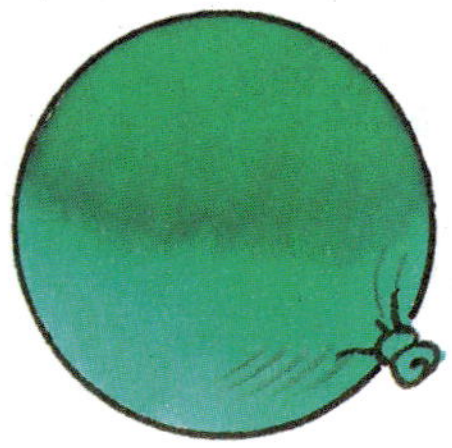

Eine geleeartige Masse gibt dem Augapfel seine Kugelform, wie die Luft in einem Ballon.

Warum kann ich im Dunkeln nichts sehen?

Du kannst im Dunkeln nicht viel erkennen, weil deine Augen Licht brauchen, um etwas zu sehen. Wenn du deine Augen im Spiegel betrachtest, siehst du in ihrer Mitte ein schwarzes Loch. Das Licht aus deiner Umgebung fällt durch dieses Loch. Dann schicken deine Augen eine Botschaft an das Gehirn, damit du weißt, was du siehst.

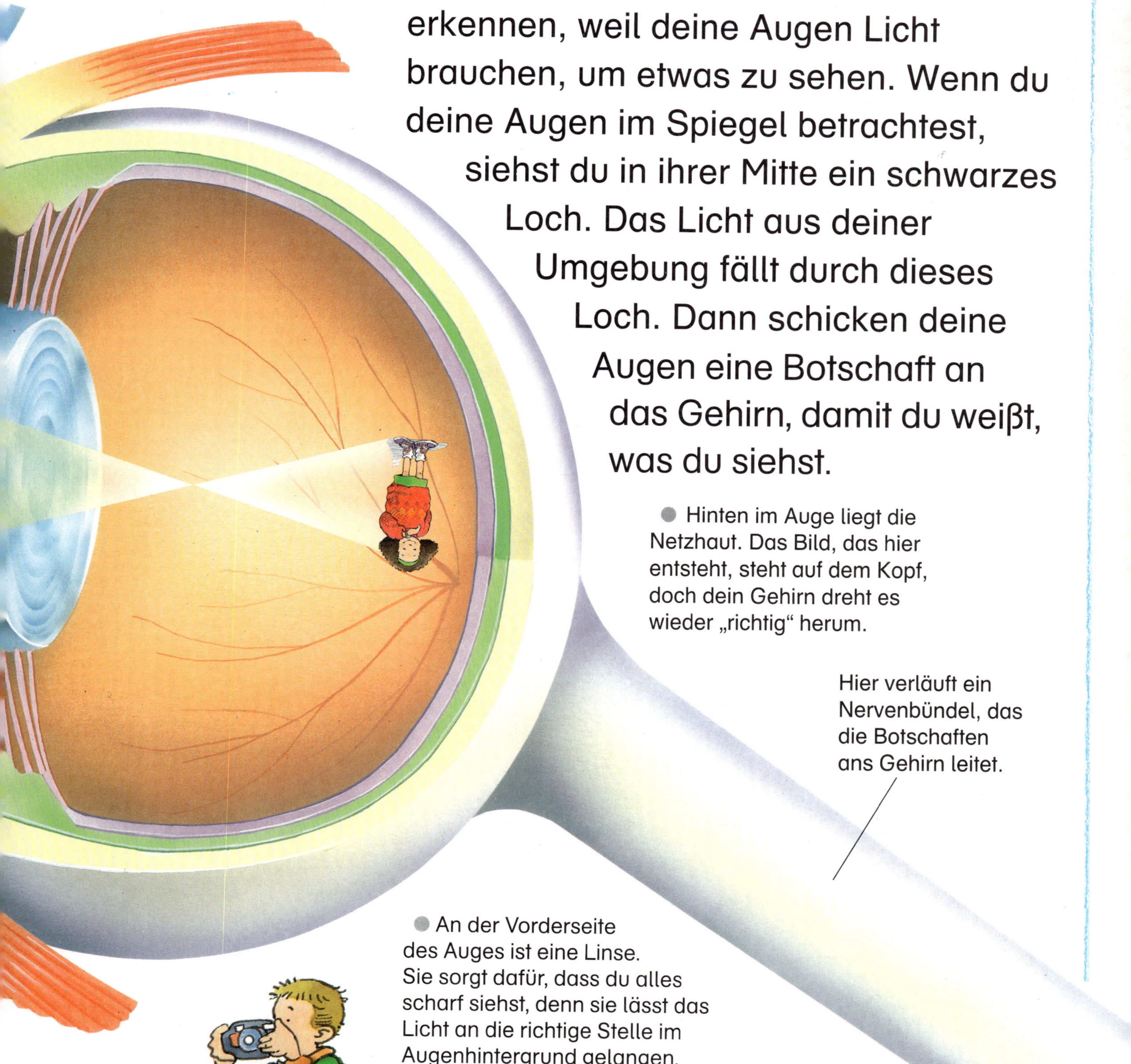

Hinten im Auge liegt die Netzhaut. Das Bild, das hier entsteht, steht auf dem Kopf, doch dein Gehirn dreht es wieder „richtig" herum.

Hier verläuft ein Nervenbündel, das die Botschaften ans Gehirn leitet.

An der Vorderseite des Auges ist eine Linse. Sie sorgt dafür, dass du alles scharf siehst, denn sie lässt das Licht an die richtige Stelle im Augenhintergrund gelangen.

Warum sind Ohren so komisch geformt?

Die Form der Ohren hilft ihnen, Geräusche aufzufangen. Die Geräusche dringen in das Jnnenohr in deinem Kopf ein. Viele Tiere wie etwa die Kaninchen können ihre Ohren in die Richtung eines Geräusches drehen.

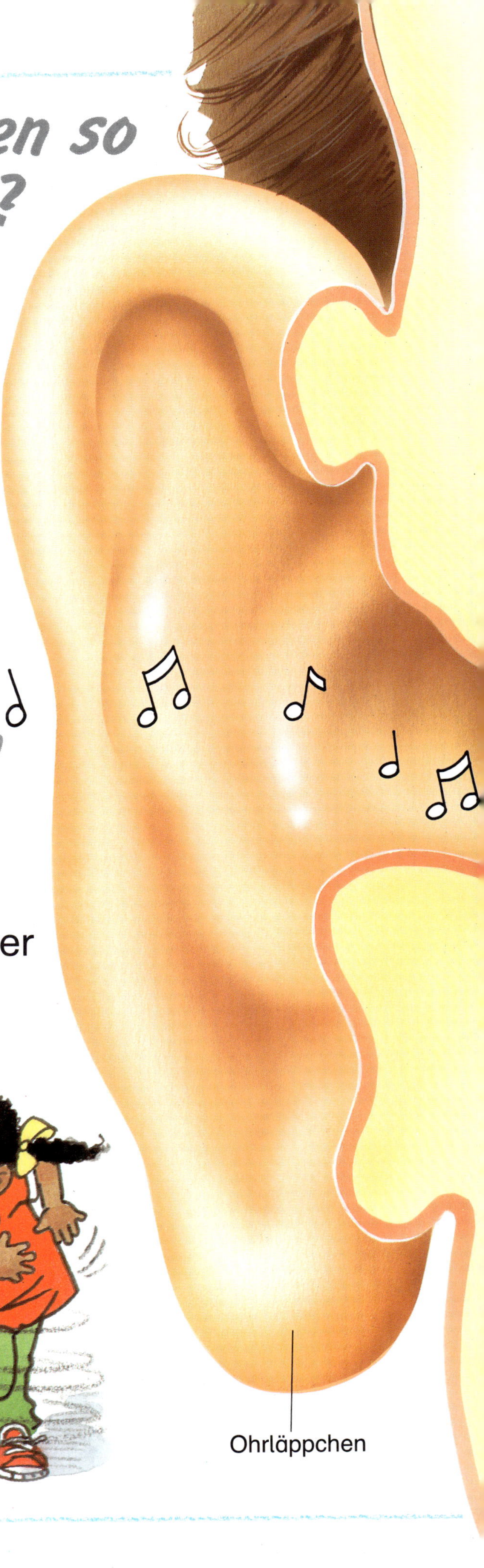

Warum wird mir schwindelig, wenn ich mich drehe?

Jm Jnnern jedes Ohres befinden sich drei bogenförmige Röhren, die mit einer wässrigen Flüssigkeit gefüllt sind. Sie gerät in Bewegung, wenn du dich drehst. Nerven nehmen diese Bewegung auf und melden dem Gehirn, dass du dich drehst. Wenn du stehen bleibst, schwappt die Flüssigkeit noch. Dein Gehirn erhält eine Falschmeldung, und dir ist schwindelig.

Wusstest du, dass du in jedem Ohr eine Trommel hast? Das Trommelfell ist eine sehr dünne Haut. Sie wird ins Schwingen versetzt, wenn Töne auf sie treffen.

Wenn sich das Trommelfell bewegt, geraten drei winzige Knochen in Schwingung.

Wenn die kleinen Knochen in Schwingung geraten, versetzen sie auch die wässrige Flüssigkeit tief im Ohrinnern in Bewegung. Besondere Nerven nehmen diese Bewegung wahr und melden sie an das Gehirn.

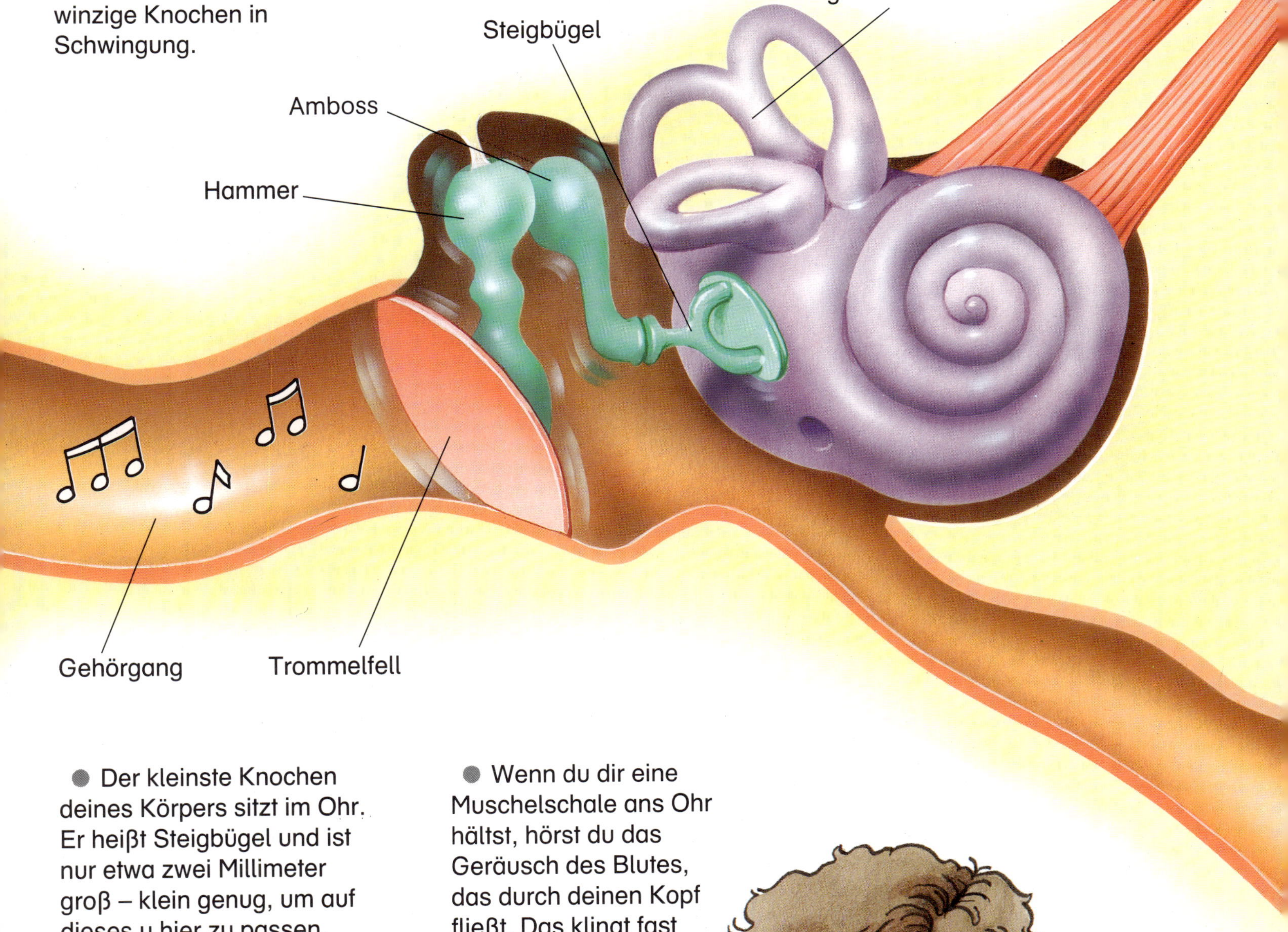

Der kleinste Knochen deines Körpers sitzt im Ohr. Er heißt Steigbügel und ist nur etwa zwei Millimeter groß – klein genug, um auf dieses u hier zu passen.

Wenn du dir eine Muschelschale ans Ohr hältst, hörst du das Geräusch des Blutes, das durch deinen Kopf fließt. Das klingt fast wie das Rauschen des Meeres.

Wozu ist meine Nase da?

Mit deiner Nase kannst du riechen. Außerdem hilft sie der Zunge beim Schmecken. Das ist möglich, weil winzige Duftteilchen aus der Nahrung beim Essen mit der Luft in die Nase gelangen. Diese Teilchen sind so klein, dass man sie nicht sehen kann, aber Nerven in der Nase finden sie und schicken Meldungen über sie an das Gehirn.

● Wenn du erkältet bist, ist deine Nase „zu“. Dann kann keine Luft an die Nerven in der Nase gelangen, und du schmeckst nicht, was du isst.

● Mit diesem Versuch kannst du ausprobieren, wie stark dir die Nase beim Schmecken hilft.

1 Nimm zwei verschiedene Sorten Fruchtjoghurt.

2 Schließe die Augen und halte dir die Nase zu.

3 Versuche herauszufinden, welchen Joghurt du gerade isst.

● Um herauszufinden, wie dir deine Zunge beim Sprechen hilft, lege deinen Finger darauf und versuche, „Hallo“ zu sagen.

Wozu ist meine Zunge da?

Mit der Zunge schmeckst du, aber sie hilft dir auch beim Sprechen und Singen. Sie ist mit vielen kleinen Höckern bedeckt, die Geschmacksknospen heißen und die über die Geschmacksnerven dem Gehirn von all den leckeren Dingen berichten, die du isst und trinkst.

Warum fallen Zähne aus?

● Wenn du erwachsen bist, wirst du zwischen 28 und 32 Zähne haben.

Wenn du heranwächst, werden auch die meisten Teile deines Körpers größer. Aber Zähne können nicht wachsen, deshalb werden sie durch neue ersetzt. Solange du noch klein bist, hast du zwanzig kleine Zähne, die Milchzähne heißen. Wenn du etwa fünf oder sechs Jahre alt bist, fangen sie an auszufallen und an ihrer Stelle wachsen neue, größere Zähne.

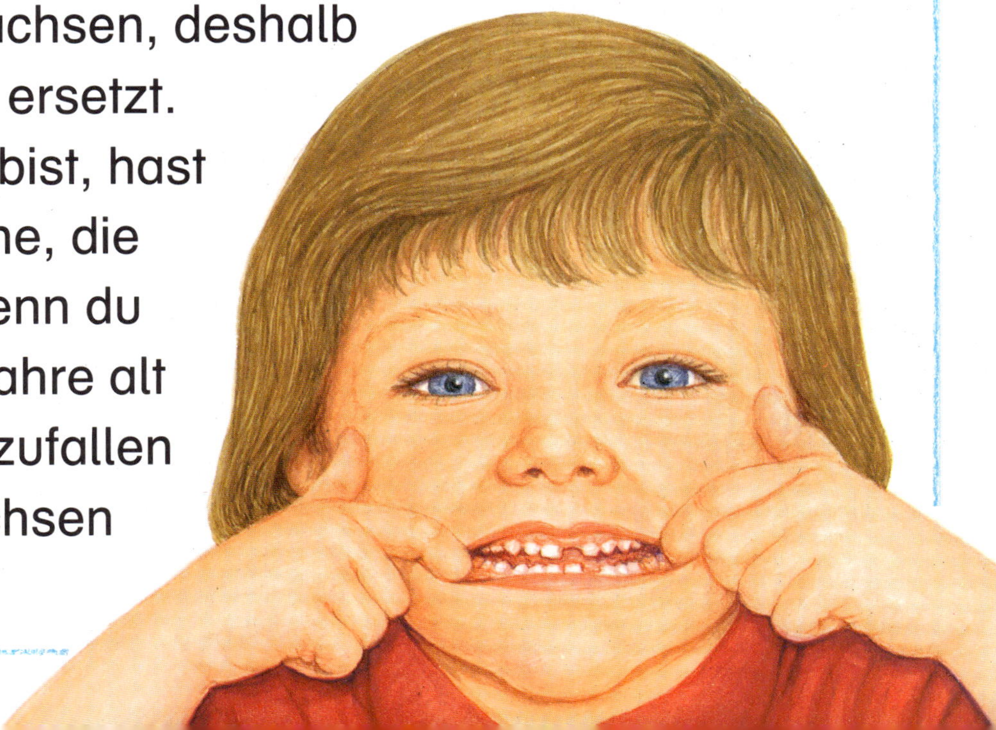

Wo bleibt mein Essen?

Alles, was du isst oder trinkst, wird durch eine enge Röhre in den Magen befördert. Er knetet das Essen so lange durch, bis es zu einem Brei geworden ist. Dieser wandert durch einen sehr langen gewundenen Schlauch, der Darm heißt. Jetzt sind die verwertbaren Bestandteile deiner Mahlzeit so stark zerkleinert, dass sie ins Blut übergehen und sich im ganzen Körper verteilen, damit er Energie zum Leben und Wachsen gewinnt.

Dein Körper sagt dir, dass er Nahrung braucht, indem er dich hungrig werden lässt.

Warum muss ich auf die Toilette?

Jn deiner Nahrung sind auch Teile enthalten, die der Körper nicht verwenden kann. Sie werden bis ans Ende des Darms geschoben, und wenn du auf die Toilette gehst, werden sie durch eine Öffnung in deinem Po, dem After, ausgeschieden.

Das Wasser, das dein Körper nicht braucht, wird Urin genannt. Es kommt aus einer anderen Öffnung heraus.

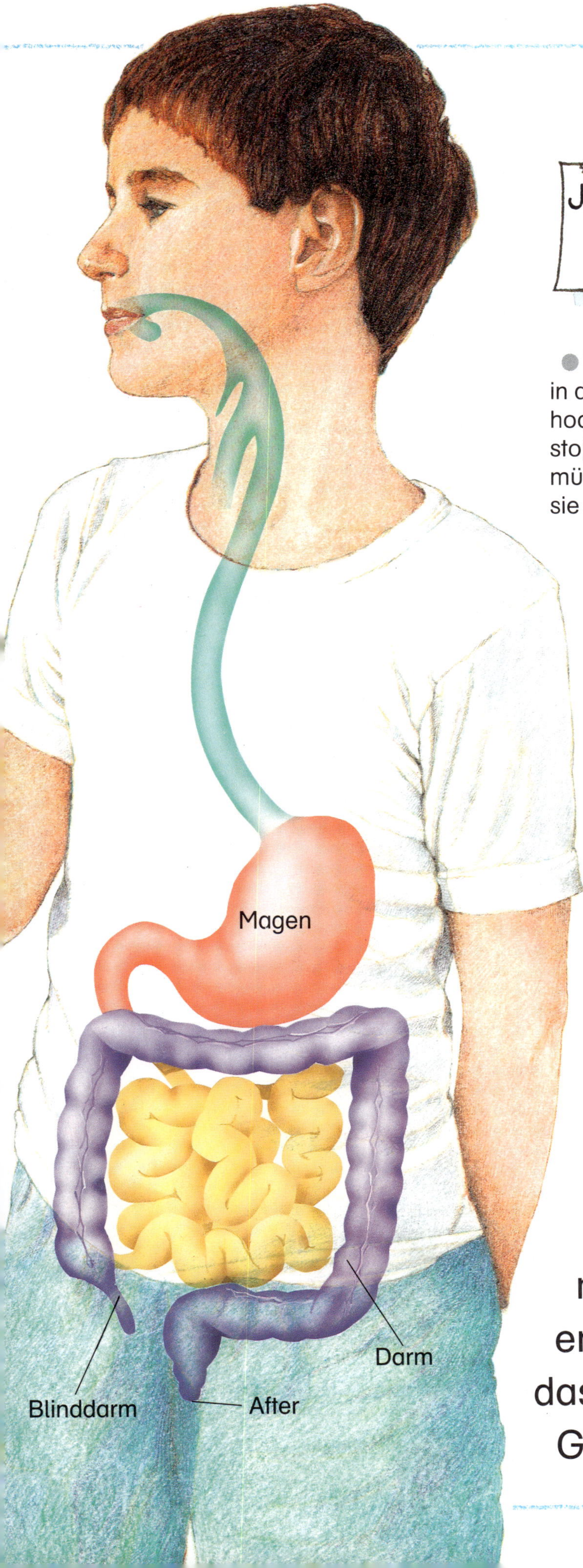

● Es kann manchmal ein oder zwei Tage dauern, bis etwas, das du gegessen hast, seine Reise durch den Körper beendet hat.

● Wenn Luft aus dem Magen in der Speiseröhre wieder hochkommt, musst du aufstoßen. Viele Leute müssen aufstoßen, wenn sie Brause getrunken haben.

Warum knurrt mein Magen?

Wenn dein Magen ein paar Stunden lang leer war, füllt er sich mit einem Gas – so etwas ähnlichem wie Luft. Dann fängt der Magen an, das Gas so durchzukneten, wie er es mit Essen tun würde. Dabei entsteht ein rumpelndes Geräusch, das sich beinahe anhört wie ein Gewitter!

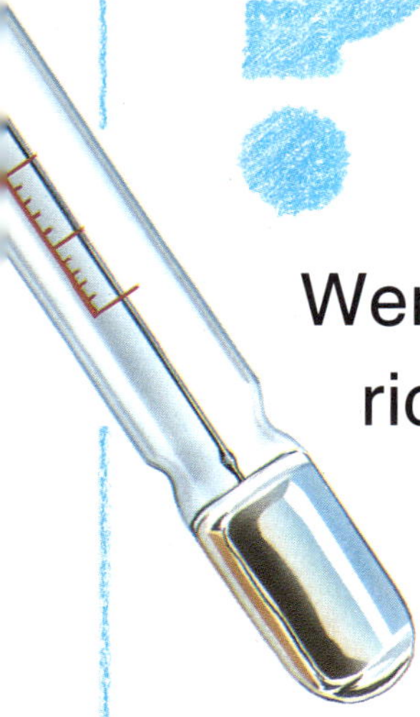

Warum bin ich manchmal krank?

Wenn ein Teil deines Körpers nicht richtig funktioniert, wirst du krank. Dir geht es nicht gut. Vielleicht hast du Bauchschmerzen oder einen juckenden Hautausschlag. Viele Krankheiten werden durch Bakterien verursacht, die in deinen Körper eindringen.

- Dein Körper bekämpft die eingedrungenen Bakterien. Vielleicht gibt der Arzt dir eine Medizin, die ihm dabei hilft.

- Manche Bakterien lieben Schmutz. Wenn du dich aber regelmäßig wäschst und dir die Zähne putzt, können sie dir nichts tun.

● Obwohl du dich bei einer Erkältung oft sehr krank fühlst, funktioniert dein Körper doch weitgehend normal.

Was sind Bakterien?

Bakterien sind winzinge Lebewesen, die viel zu klein sind, als dass du sie sehen könntest. Jn unserer Umgebung und in unserem Darm leben ständig Milliarden von ihnen. Die meisten Bakterien sind harmlos, aber manche von ihnen können dich krank machen, wenn sie in deinen Körper gelangen – zum Beispiel durch eine Schnittwunde oder wenn du etwas Verdorbenes isst. Wenn das passiert, bekämpft dein Blut die eingedrungenen Bakterien.

Warum bekomme ich eine Spritze?

Ein Arzt oder eine Krankenschwester gibt dir eine Spritze, wenn eine Medizin direkt in dein Blut gelangen soll. Das mag niemand gern, aber ein kleiner Piekser ist besser, als lange krank zu sein.

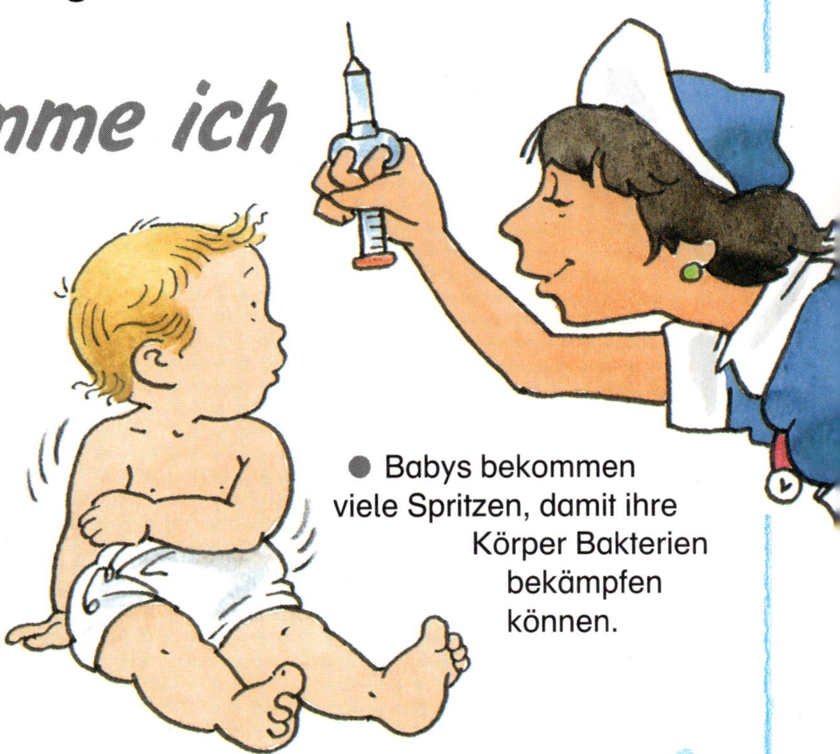

● Babys bekommen viele Spritzen, damit ihre Körper Bakterien bekämpfen können.

Woher komme ich eigentlich?

Du bist entstanden, als eine winzige Eizelle im Körper deiner Mutter (nicht größer als ein Punkt) mit einer Samenzelle deines Vaters verschmolz. Dann bist du gewachsen, bis du groß genug warst, um geboren zu werden.

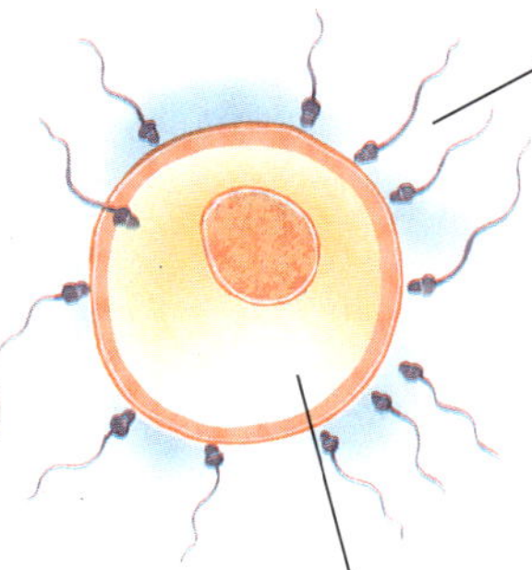

● Das ist die Vergrößerung einer Eizelle, die von vielen Samenzellen umgeben ist.

● Du warst etwa neun Monate lang in der Gebärmutter deiner Mutter. Als du größer wurdest, vergrößerte sich auch ihre Gebärmutter.

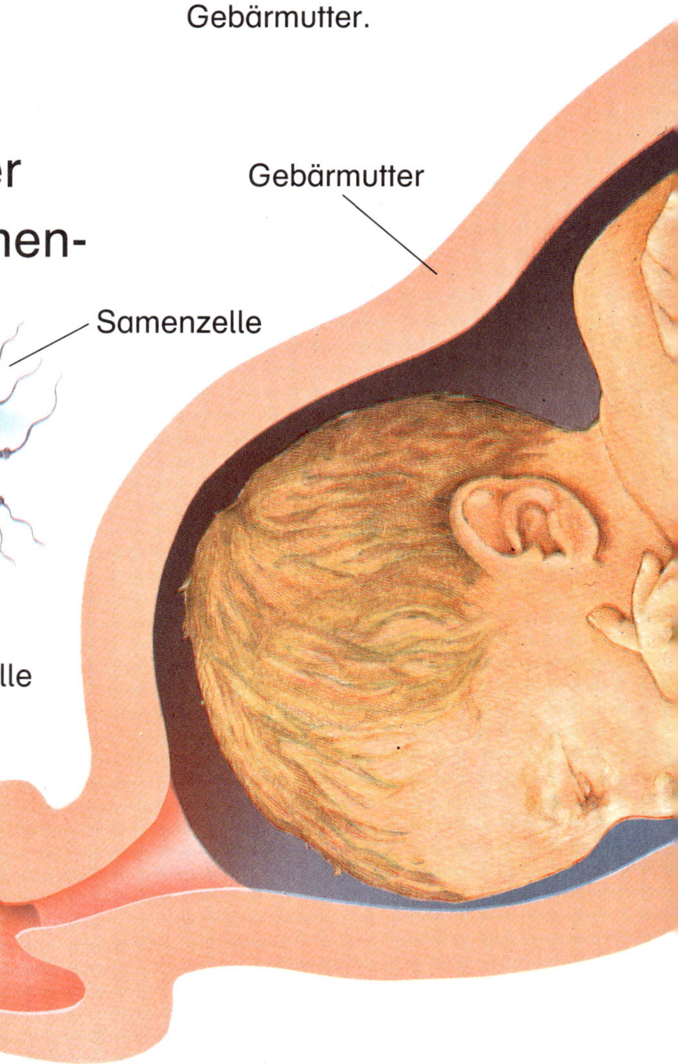

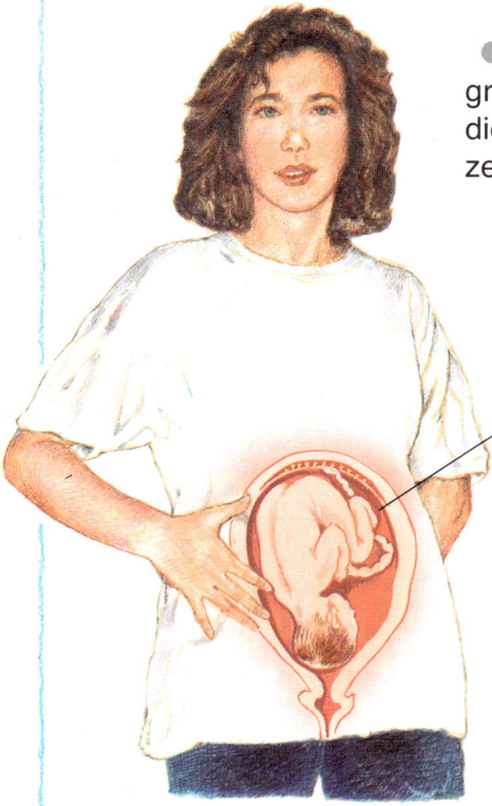

● Jn der Gebärmutter hast du in einer Art Sack voller Wasser gelebt, in dem du warm und sicher aufgehoben warst.

● Du bist im Körper deiner Mutter herangewachsen, in einem Teil ihres Bauches, der Gebärmutter heißt.

● Als du geboren werden wolltest, weitete sich die Öffnung der Gebärmutter, um dich hinauszulassen.

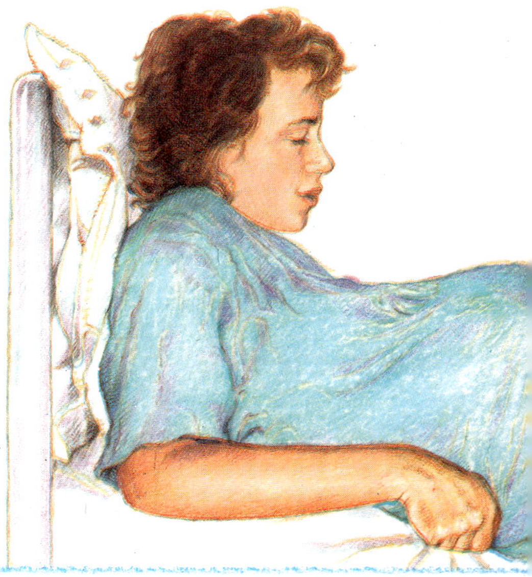

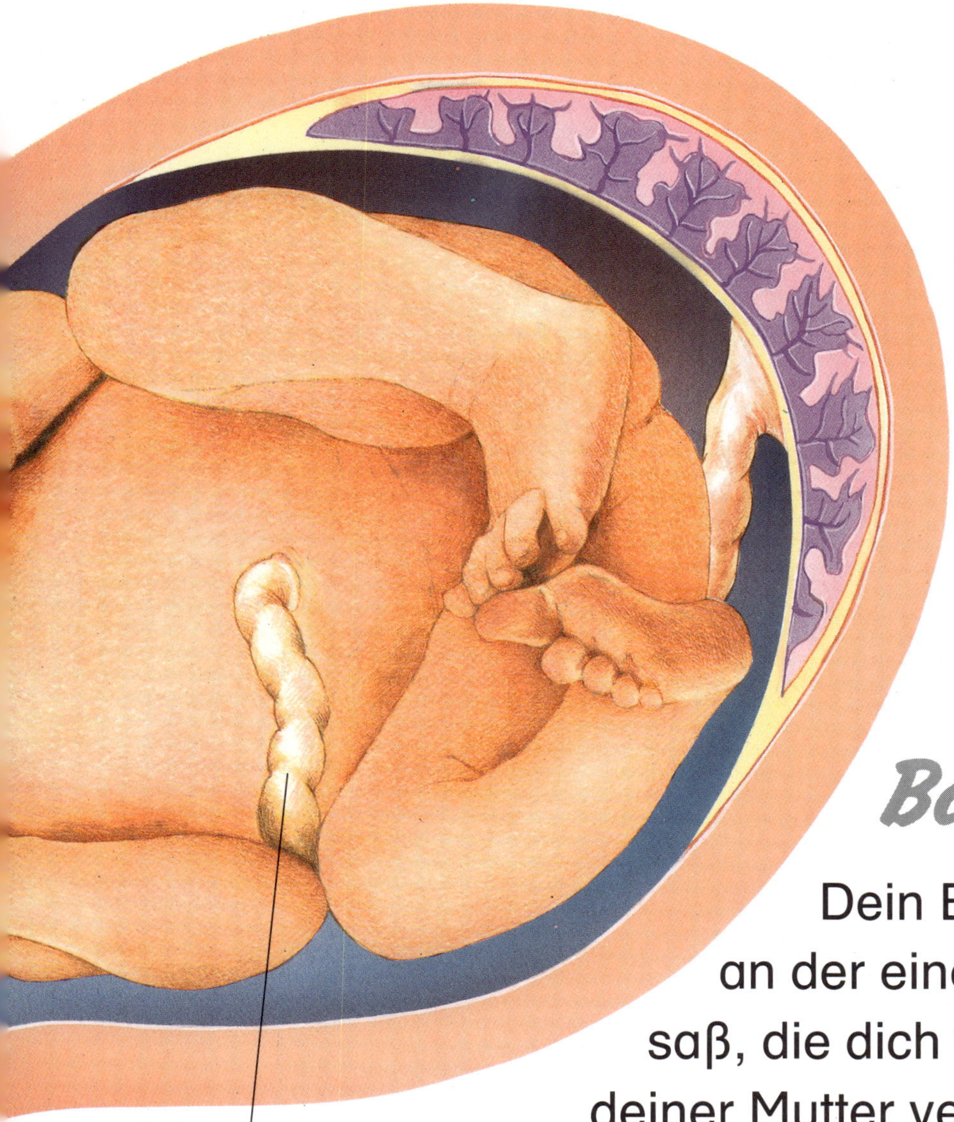

Die Nabelschnur – die Röhre, die dich mit deiner Mutter verbunden hat.

● Sofort nach der Geburt hast du zum ersten Mal Luft geholt und angefangen zu atmen.

Was ist mein Bauchnabel?

Dein Bauchnabel ist die Stelle, an der eine Röhre, die Nabelschnur, saß, die dich vor deiner Geburt mit deiner Mutter verbunden hat. Jn der Nabelschnur waren Blutgefäße, damit das Blut deiner Mutter dich mit Sauerstoff und Nahrung versorgen konnte, während du in der Gebärmutter warst. Nach der Geburt brauchtest du ihr Blut nicht mehr, deshalb wurde die Nabelschnur abgeschnitten. Die Narbe ist dein Nabel.

● Nach starkem Pressen bist du aus deiner Mutter herausgekommen, durch eine Öffnung zwischen ihren Beinen, die Scheide heißt.

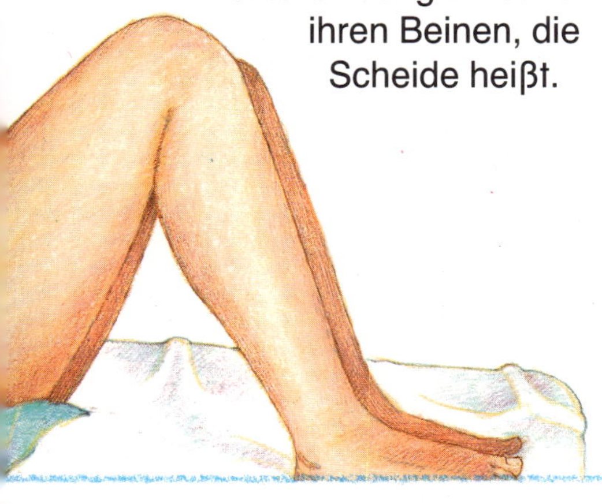

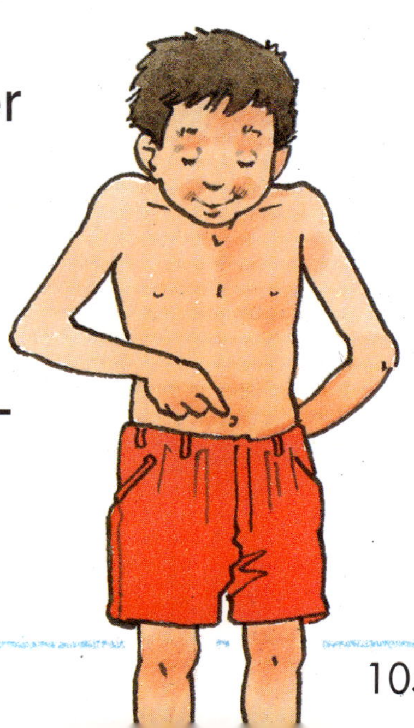

Wozu ist die Haut da?

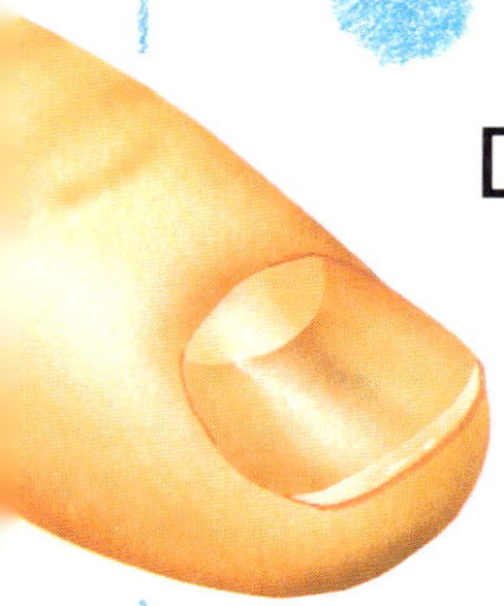

Die Haut ist die dehnbare Hülle deines Körpers. Sie bedeckt ihn vollkommen, umschließt seine inneren Teile und schützt ihn vor Verletzungen.

● Deine Haut erhält ihre Farbe von einem Stoff, der Melanin genannt wird. Menschen mit dunkler Haut haben mehr Melanin als Menschen mit heller Haut.

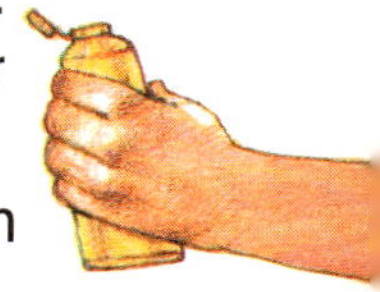

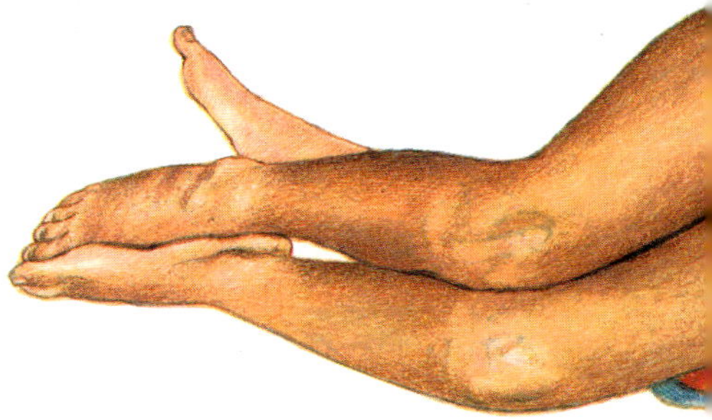

Wie dick ist meine Haut?

An den meisten Stellen ist deine Haut nicht viel dicker als Pappe. Doch obwohl sie so dünn ist, passiert sehr viel in ihr. Jn der Haut wachsen Haare, und auch Schweiß wird in ihr gebildet. Außerdem enthält sie Blutgefäße und Nerven, die Botschaften ans Gehirn senden.

● So sieht deine Haut unter dem Mikroskop aus.

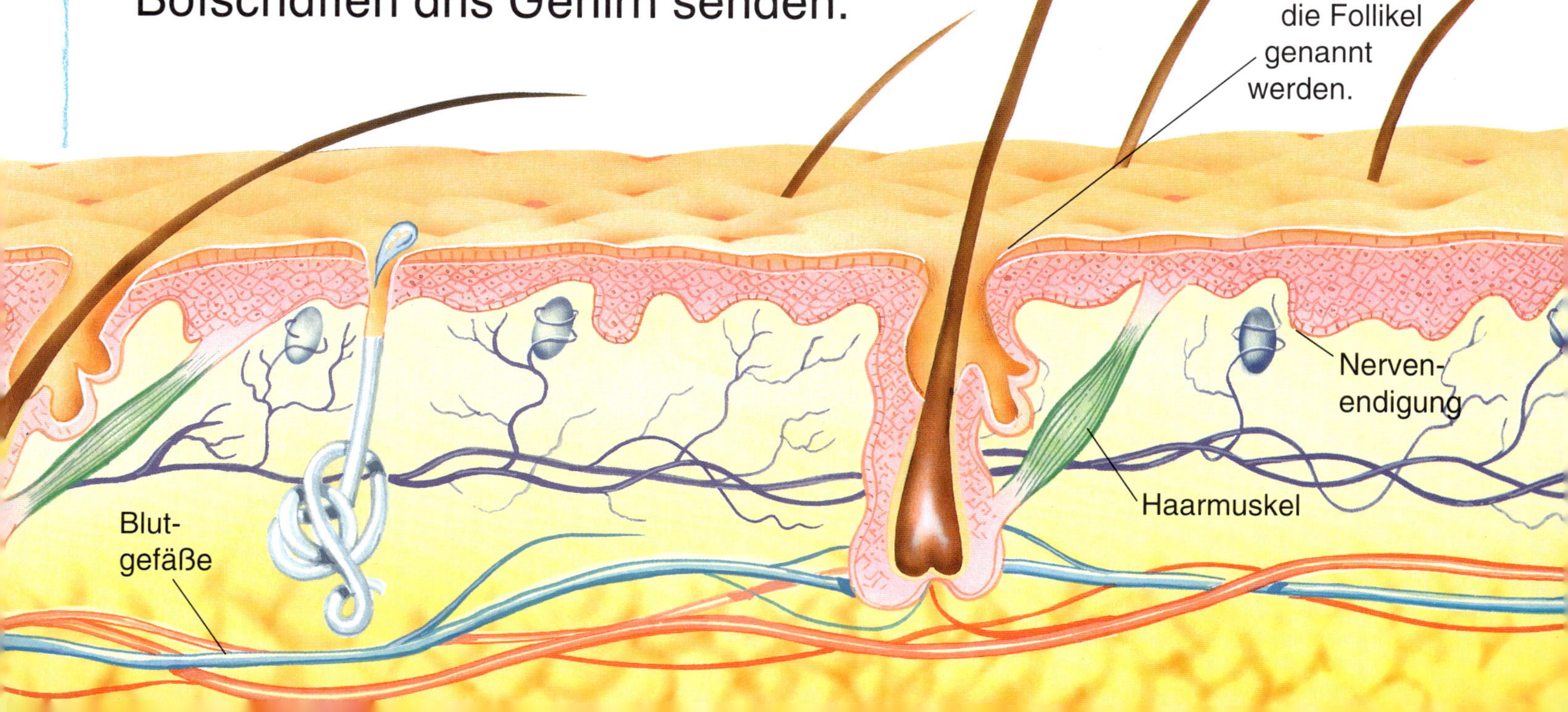

Die Haare wachsen aus Vertiefungen in der Haut, die Follikel genannt werden.

Was ist eine Gänsehaut?

Wenn eine Katze friert, stellt sie ihr Fell auf. Die aufgestellten Fellhaare halten viel warme Luft dicht am Körper. Auch deine Haare richten sich auf, wenn dir kalt ist. Die Gänsehaut entsteht, weil sich dabei die kleinen Haarmuskeln zusammenziehen. Das nützt jedoch nicht viel, weil du nicht genug Haare hast!

- Ob du nun helle oder dunkle Haut hast, zu viel Sonne kann deine Haut verbrennen. Trage deshalb einen Sonnenhut und reibe dich mit Sonnenschutzcreme ein.

- Schweiß ist salziges Wasser, das dein Körper abgibt, wenn er zu warm ist.

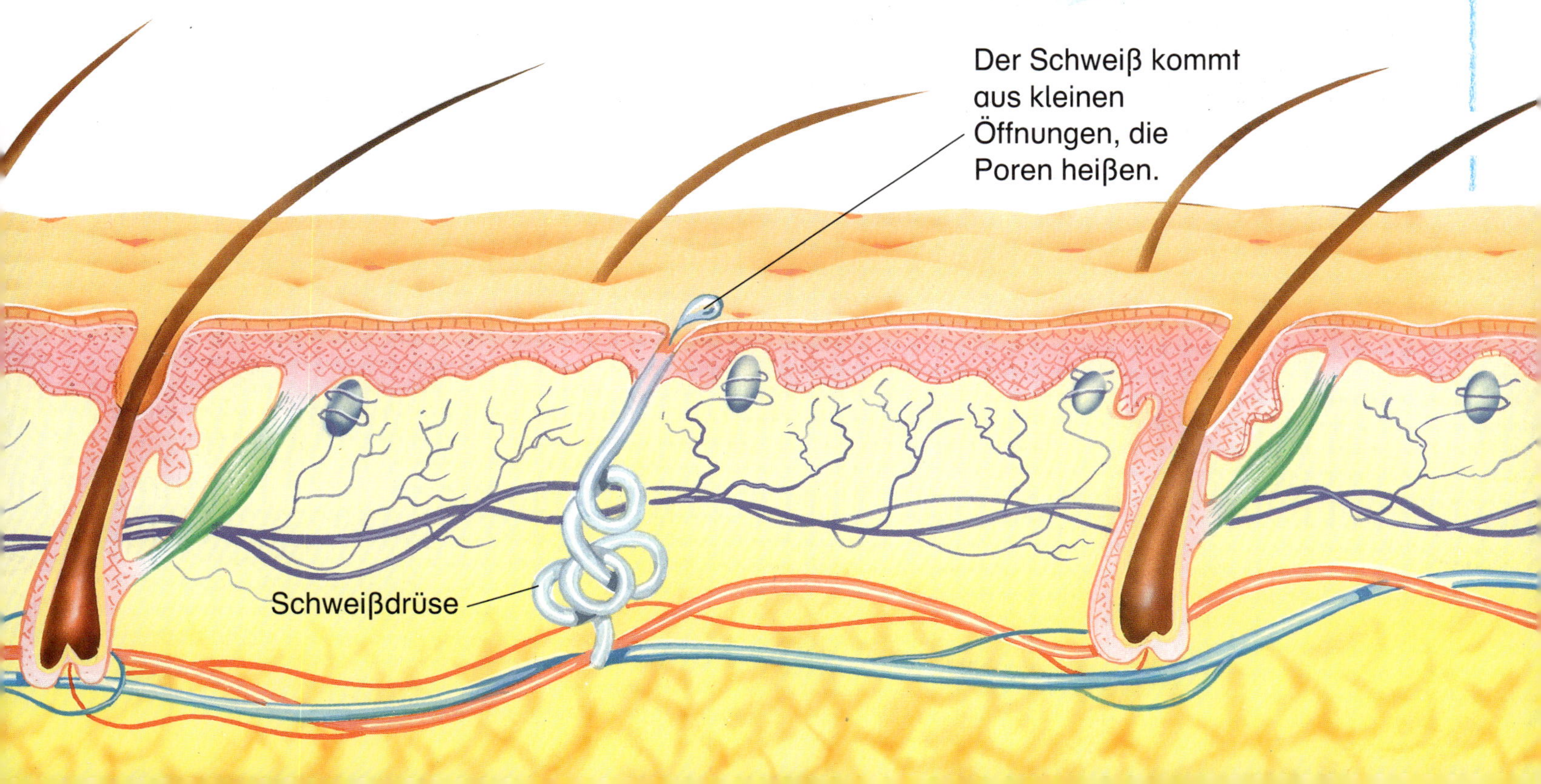

Tiere

Die weiblichen Königin-Alexandra-Vogelfalter sind die größten Schmetterlinge der Welt. Jhre ausgebreiteten Flügel würden fast diese Seite bedecken!

Der Blauwal ist so groß, dass auf seinem Rücken acht Elefanten Platz hätten.

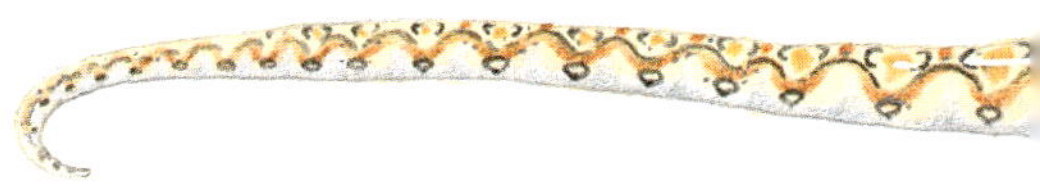

Die Giraffe ist das höchst gewachsene Landtier. Mit ihrem langen Hals reicht sie fast so hoch wie ein zweistökiges Haus.

Der mächtige Afrikanische Elefant ist fast dreimal so hoch wie du. Er kann so viel wiegen wie sieben Autos.

Der Strauß ist der größte und schwerste Vogel. Er ist fast so hoch wie ein Linienbus!

Welches ist das größte Tier?

Das größte Tier ist der Blauwal – nur ein einziger Dinosaurier ist vermutlich noch ein bisschen größer gewesen als er. Ein ausgewachsener Blauwal wiegt so viel wie 150 Autos!

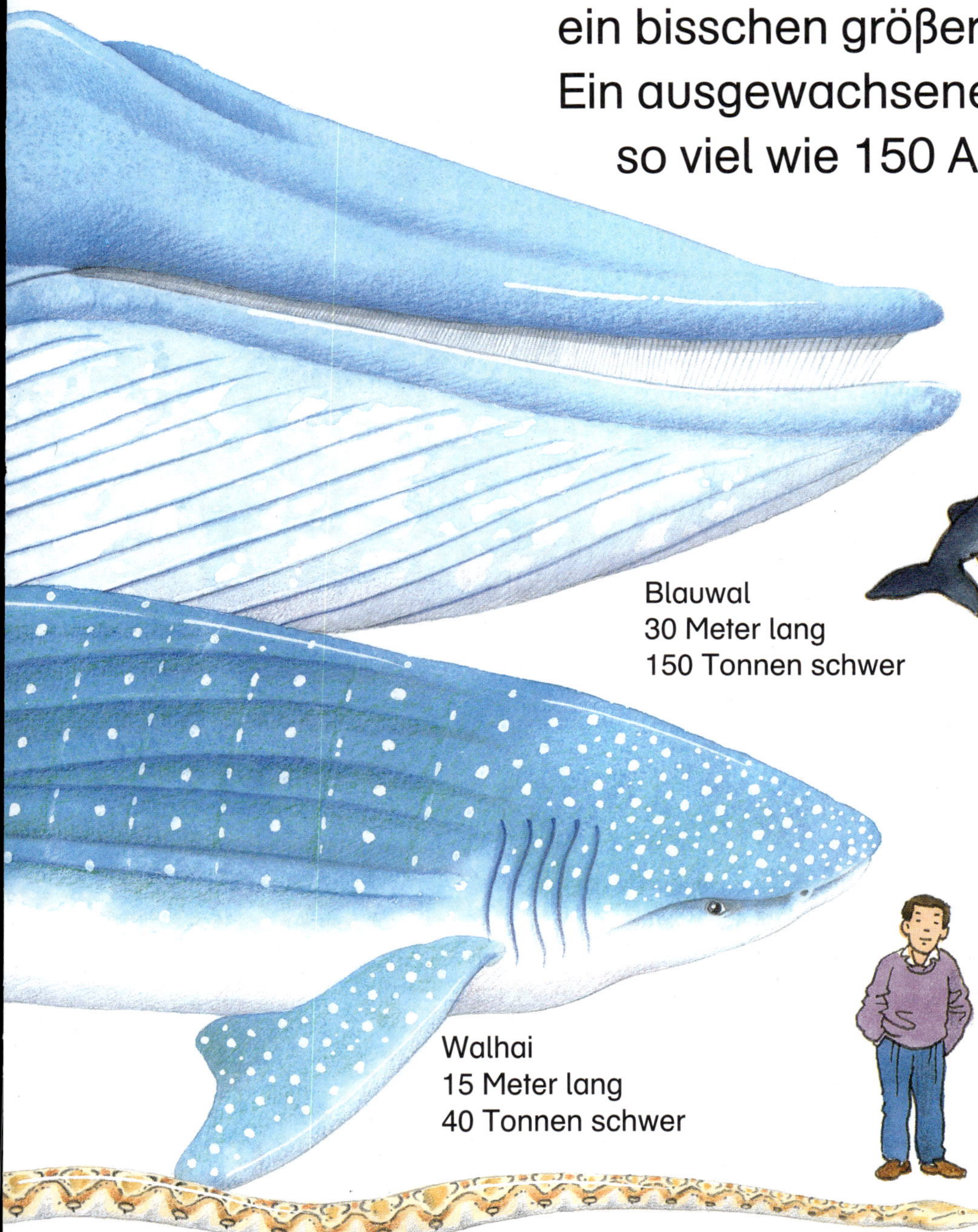

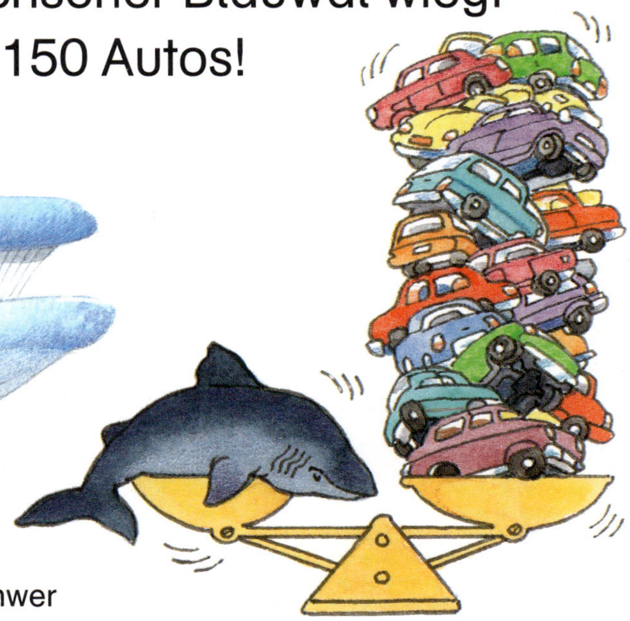

Blauwal
30 Meter lang
150 Tonnen schwer

● Der Walhai wiegt so viel wie 40 Autos. Er ist der größte Fisch.

Walhai
15 Meter lang
40 Tonnen schwer

Menschen
1,60 bis 1,90 Meter groß

● Der Netzpython kann so lang werden wie sechs hintereinander aufgestellte Fahrräder! Er ist die längste Schlange der Welt.

Netzpython 10 Meter lang

Was ist der Unterschied zwischen Haien und Delfinen?

Obwohl sich Haie und Delfine sehr ähneln, gehören sie zu ganz verschiedenen Tiergruppen. Haie sind Fische, Delfine aber Säugetiere.

- Obwohl du ganz anders aussiehst als ein Delfin, bist du auch ein Säugetier!

- Ein Tier, das eine Lunge hat und seine Kinder mit Muttermilch aufzieht, ist ein Säugetier. Die meisten Säugetiere haben ein Fell oder zumindest ein paar Haare.

● Ein Tier, das Federn trägt und aus einem Ei mit einer harten Schale schlüpft, ist ein Vogel. Alle Vögel haben Flügel, und die meisten können fliegen.

● Ein Tier mit sechs Beinen und einem dreiteiligen Körper ist ein Jnsekt. Auf der Erde gibt es viel mehr Jnsekten als andere Tiere.

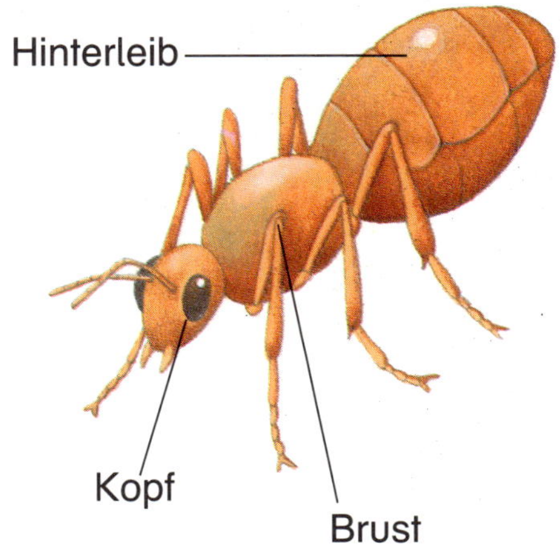

● Ein Tier mit einer feuchten, schleimbedeckten Haut, das im Wasser geboren wird, sein Leben aber auf dem Land verbringt, ist ein Lurch. Junge Lurche schlüpfen aus Gelee ähnlichen Eiern.

● Ein Tier mit einer trockenen, schuppenbedeckten Haut, das auf dem Land geboren wird, ist ein Kriechtier. Die meisten Kriechtiere legen Eier mit einer lederartigen Schale.

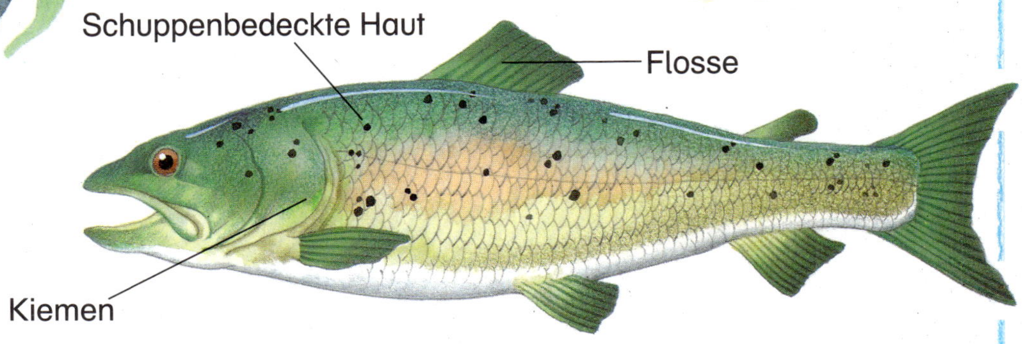

● Ein Tier, das im Wasser lebt, durch Kiemen atmet und mit Hilfe von Flossen schwimmt, ist ein Fisch. Die meisten Fische legen Gelee ähnliche Eier, aus denen die Jungfische schlüpfen.

Was ist der Unterschied zwischen Fröschen und Kröten?

Frösche haben meistens eine glatte Haut und lange Beine zum Springen. Die meisten Kröten haben eine warzige Haut und bewegen ihren stämmigen, dicken Körper kriechend voran.

Kröte

Frosch

...und zwischen Alligatoren und Krokodilen?

- Frösche und Kröten gehören zu den Lurchen.
- Alligatoren und Krokodile gehören zu den Kriechtieren.

Krokodile haben eine längere und spitzere Schnauze als Alligatoren. Außerdem steht bei den Krokodilen auch bei geschlossenem Maul auf jeder Seite ein großer Zahn heraus.

Alligator

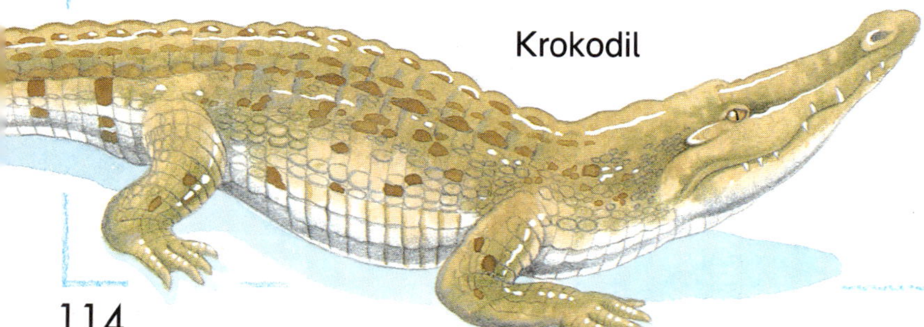

Krokodil

...und zwischen Affen und Menschenaffen?

Der größte Unterschied zwischen diesen Tiergruppen ist, dass Affen lange Schwänze haben, Menschenaffen nicht. Es gibt sehr viele verschiedene Affenarten, aber nur wenige Menschenaffenarten, nämlich Gorillas, Orang-Utans, Schimpansen und Gibbons.

Klammeraffe

Orang-Utan (Menschenaffe)

- Affen und Menschenaffen sind Säugetiere.

- Eine Kellerassel sieht zwar aus wie ein Jnsekt, ist aber keines, denn sie hat zu viele Beine. Sie ist mit den Krebsen und Hummern verwandt.

- Kaninchen und Hasen gehören beide zu den Säugetieren.

...und zwischen Kaninchen und Hasen?

Hasen haben längere Beine und Ohren als Kaninchen. Auch ihre Tasthaare an der Schnauze sind länger.

Welche Frösche können fliegen?

Baumfrösche können auf Bäume klettern, und manche Arten fliegen sogar im Gleitflug von einem Baum zum nächsten! Diese ungewöhnlichen Frösche haben große Füße mit langen Zehen, zwischen denen sich Flughäute spannen. Werden sie gespreizt, wirken die Häute wie Fallschirme.

● Fliegende Fische fliegen nicht wirklich. Sie springen aus dem Wasser und breiten dann ihre besonders großen Brustflossen aus, mit denen sie über die Wasseroberfläche gleiten. Auf diese Weise entkommen sie Feinden.

● Die Schmuckbaumnatter kann von Baum zu Baum segeln. Um hinaufzuklettern, schiebt sie sich mit ihren Bauchschuppen an der Rinde hoch.

Welche Tiere können an der Decke laufen?

Geckos können manchmal auch kopfunter laufen! Sie haben Haftpolster an den Zehen, mit denen sie sich überall festhalten.

● Die Zehen der Geckos tragen Haftpolster, die mit winzigen Borsten besetzt sind. Diese halten die Tiere wie ein Klettverschluss fest, selbst auf Glas.

● Anders als die meisten Fische können die Schlammspringer nicht nur im Wasser, sondern auch auf dem Land atmen. Deshalb überleben sie auch auf dem Trockenen.

Welcher Fisch kann auf Bäume klettern?

Auf einem Baum würde sicher niemand einen Fisch erwarten – doch der Schlammspringer klettert mit seinen Bein ähnlichen Flossen und hält sich mit einem Saugnapf fest, der an seinem Bauch sitzt.

Warum haben Tiere ein Skelett in ihrem Körper?

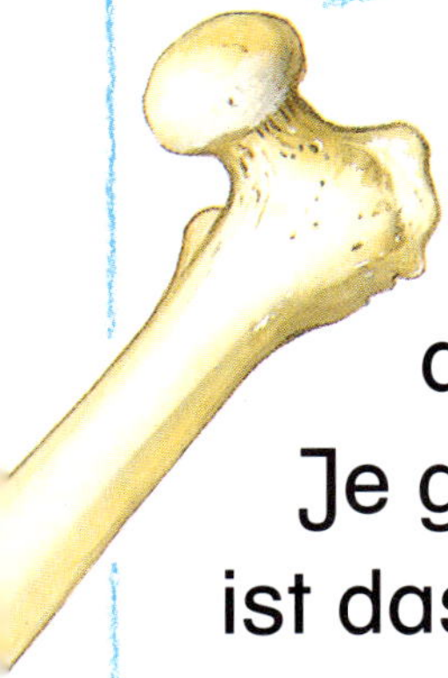

Nicht alle Tiere haben ein Knochengerüst oder Skelett, aber fast alle größeren haben eines. Je größer ein Tier ist, desto wichtiger ist das Skelett, das seinen Körper stützt und sein Gewicht trägt. Außerdem schützt das Skelett weiche Körperteile wie das Gehirn und das Herz.

- Tiere ohne Wirbelsäule nennt man Wirbellose. Zu ihnen gehören Jnsekten, Spinnen, Schnecken, Würmer, Quallen und Krebse.

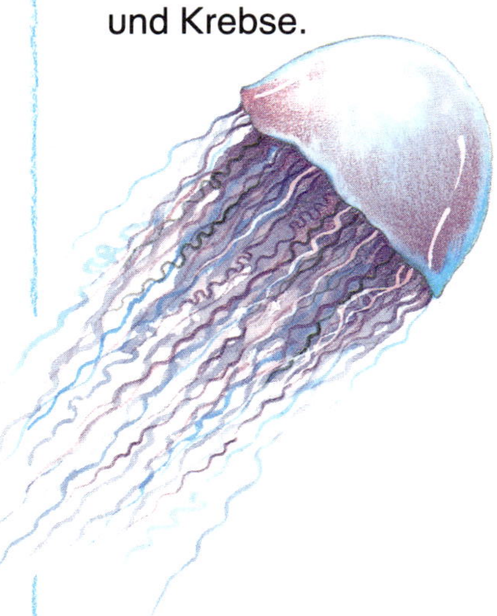

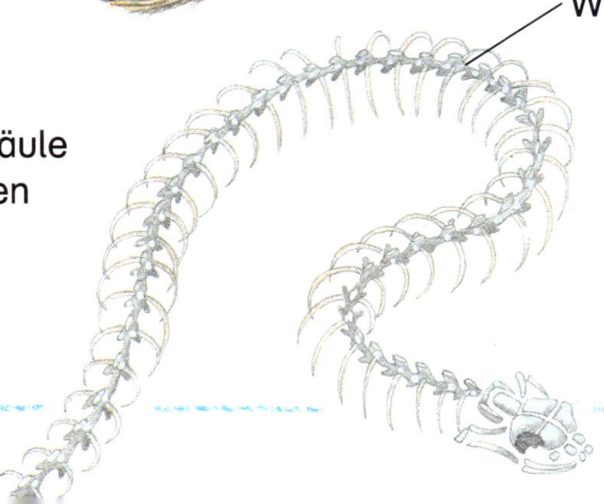

- Tiere mit einer Wirbelsäule heißen Wirbeltiere. Zu ihnen gehören Fische, Lurche, Kriechtiere, Vögel und Säugetiere.

● Bei den meisten Tieren besteht das Skelett aus Knochen, nur bei Haien und Rochen ist es aus Knorpel. Knorpel ist nicht ganz so hart wie Knochen, aber sehr elastisch. Auch deine Nasenspitze ist aus Knorpel.

● Jnsekten, Spinnen, Skorpione, Hundertfüßer und Tausendfüßer haben harte Außenskelette.

● Hummer, Krabben und manche Käfer haben ein besonders hartes Außenskelett, das sie wie eine Rüstung vor Angreifern schützt.

● Kraken sind die größten Wirbellosen. Der Größte, den man bisher entdeckt hat, maß vom Kopf bis zu den Spitzen seiner Fangarme 17 Meter – mehr als acht Taucher!

● Um wachsen zu können, muss das Tier sein altes Außenskelett abwerfen und sich ein neues wachsen lassen.

Welche Tiere haben ein Außenskelett?

Die meisten kleineren Tiere wie Jnsekten, Krebse und Spinnen haben ein Außenskelett. Es besteht aus harten Teilen, die sich gegeneinander bewegen lassen. Wie das Jnnenskelett schützt es den weichen Körper.

Gibt es Tiere, die Menschen fressen?

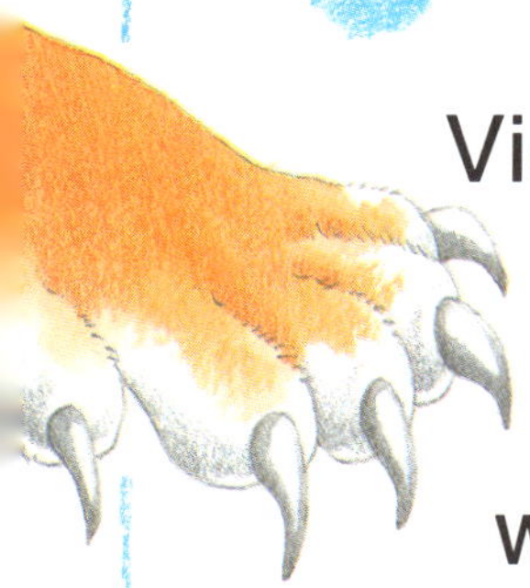

Viele Tiere sind gefährlich, wenn sie auf der Jagd sind oder sich bedroht fühlen. Aber nur sehr wenige greifen ohne Grund einen Menschen an.

● Tiger jagen normalerweise große Tiere wie zum Beispiel Hirsche. Wenn ein Tiger aber dazu zu schwach ist, fällt er mitunter auch Menschen an.

● Die leuchtend bunte Haut der kleinen südamerikanischen Pfeilgiftfrösche sondert ein tödliches Gift ab.

Sind alle Schlangen giftig?

Nicht alle Schlangen sind giftig, und nur bei wenigen ist das Gift stark genug, um einen Menschen zu töten. Die gefährlichsten sind Seeschlangen, Kobras, Vipern und Klapperschlangen.

● Die größten Schlangen sind ungiftig. Diese „Würgeschlangen" quetschen ihre Opfer zu Tode.

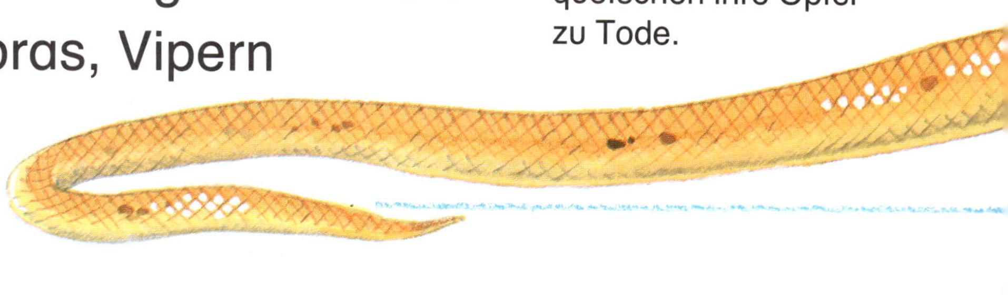

Sind alle Haie gefährlich?

Die meisten Haie sind Fleischfresser, aber nur wenige greifen Menschen an. Millionen Menschen baden in Gewässern, in denen Haie leben, aber jährlich werden nur etwa hundert von Haien angegriffen.

● Der weiße Hai greift manchmal Wassersportler an.

● Einige der Zähne des weißen Hais sind länger als deine Finger!

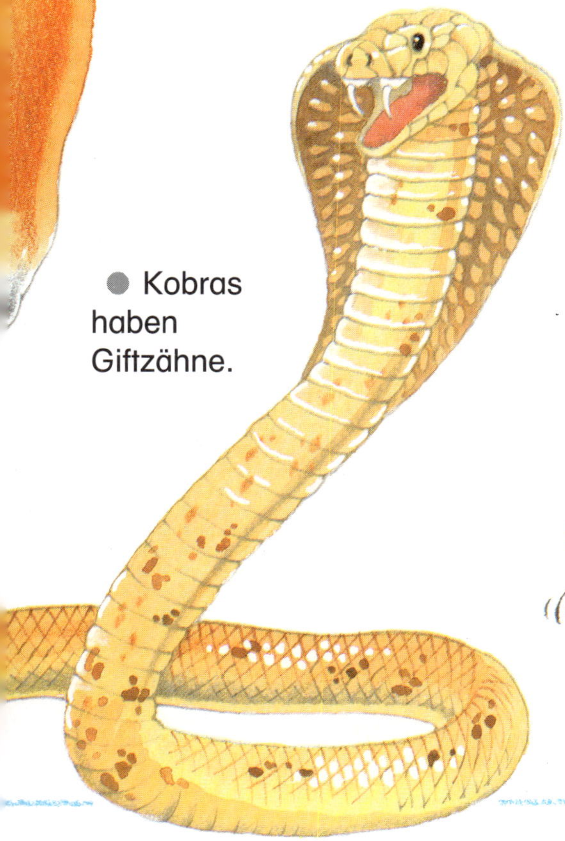

● Kobras haben Giftzähne.

● Die Haut von Haien ist so rauh, dass sie früher zum Schmirgeln verwendet wurde.

● Haien wachsen ständig neue Zähne.

Welche Tiere schießen auf ihre Beute?

Wenn ein Schützenfisch ein Jnsekt auf einer Pflanze über dem Wasser entdeckt, erschießt er es – natürlich nicht mit einem Pfeil oder einer Pistole, sondern mit einem gezielten Wasserstrahl aus seinem Maul. Das getroffene Jnsekt fällt ins Wasser, und der Fisch kann es fressen.

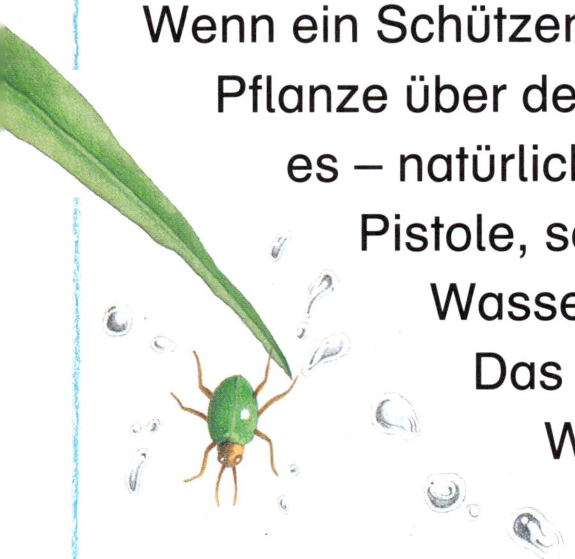

● Die Bolaspinne fängt ihre Beute mit einer Art Lasso aus der Luft – mit einem Seidenfaden, an dessen Ende eine klebrige Kugel hängt.

● Der Schützenfisch kann sehr gut schießen. Er trifft sogar Jnsekten, die drei Meter von ihm entfernt sind.

● Der Knallkrebs erzeugt mit seiner großen linken Schere ein lautes Knallen, das kleine Fische so betäubt, dass sie leicht zu fangen sind.

Welche Tiere sind Blutsauger?

Die größten „Blutsauger“ unter den Tieren sind Vampirfledermäuse, Mücken und Blutegel. Vampirfledermäuse trinken normalerweise kein Menschenblut, doch Mücken und Blutegel sind nicht so wählerisch!

- Blutegel schwellen an, wenn sie sich vollgesaugt haben. Aber nicht alle Egel leben von Blut.

Welche Vögel fischen mit Ködern?

Manche Reiher ködern Fische mit Jnsekten und Federn. Sie lassen den Köder ins Wasser fallen und warten, bis ein Fisch ihn entdeckt. Der Fisch hält ihn für einen Leckerbissen – und landet im Schnabel des Reihers.

Warum stellen Opossums sich tot?

Wenn ein Opossum angegriffen wird, versucht es manchmal, seinen Feind zu täuschen, indem es sich totstellt. Die Augen werden glasig, es liegt vollkommen still und lässt seine Zunge heraushängen. Meist aber rennen Opossums weg oder flüchten auf einen Baum.

● Auch Ringelnattern versuchen ihren Feinden zu entkommen, indem sie sich totstellen.

Welches Tier stinkt am schlimmsten?

Das Stinktier trägt seinen Namen wirklich mit Recht! Kommt ihm ein Raubtier zu nahe, wird es mit einer stinkenden, öligen Flüssigkeit eingesprüht. Der üble Geruch hält sich tagelang!

Welches ist das stacheligste Tier?

Stachelschweine sind stacheliger als jedes Nadelkissen. Jhr Rücken ist mit Hunderten von langen, spitzen Stacheln besetzt, die am Ende einen Widerhaken tragen.

- Wenn ein Stachelschwein angegriffen wird, stellt es die Stacheln auf und rasselt warnend damit. Dann bewegt es sich rückwärts auf den Angreifer zu.

- Manche Krebse haben Leibwächter. Sie tragen eine Seeanemone auf ihrem Panzer, deren Nesselzellen jedem Angreifer wehtun, der sich zu nahe heranwagt.

- Bei Gefahr schluckt ein Jgelfisch Wasser, bis er zu einer stacheligen Kugel geworden ist.

Wie viele Ameisen kann ein Ameisenbär fressen?

An einem guten Tag frisst ein großer Ameisenbär bis zu 30 000 Ameisen! Jedes Mal, wenn er seine lange Zunge vorschnellen lässt, bleiben bis zu 500 Ameisen kleben. Ameisenbären können ihre Nahrung nicht kauen, denn sie haben keine Zähne. Sie schlucken die Ameisen im Stück.

● Ameisenbären müssen auf den Handknöcheln laufen, weil ihre Krallen lang und scharf sind. Mit ihnen reißen sie die Ameisennester auf, um an ihr Futter zu kommen.

● Um an den Honig zu gelangen, reißen Bären Bienennester auf. Die Stiche scheinen ihnen nichts auszumachen.

● Vögel, die sich von Fischen ernähren, haben oft einen langen, spitzen Schnabel. Der Schlangenhalsvogel benutzt seinen Schnabel zum Aufspießen der Beute.

Welches Tier benutzt seine Finger als Gabel?

Das affenähnliche Fingertier verdankt seinen Namen den dünnen Fingern und Zehen. Mit dem besonders langen Mittelfinger stochert es unter der Baumrinde nach Larven und Jnsekten und spießt sie damit auf – wie mit einer Gabel.

● Fingertiere gibt es nur auf Madagaskar, einer Jnsel vor der Ostküste von Afrika.

Welches Tier ist am gierigsten?

Für ihre Größe hat die winzige Etruskerspitzmaus den größten Appetit der Welt. Sie frisst fast pausenlos! Ein ausgewachsenes Tier vertilgt jeden Tag das Dreifache seines Körpergewichts.

● Eine ausgewachsene Etruskerspitzmaus wiegt weniger als ein Zuckerstück.

Warum haben Kamele Höcker?

Ein Kamel kann bis zu zwei Wochen ohne Futter auskommen, weil es von dem in seinem Höcker gespeicherten Fett zehrt. Kamele brauchen diese „Vorratskammern“, weil sie in der Wüste leben, wo Futter und Wasser schwer zu finden sind.

Warum haben Elefanten einen Rüssel?

Mit dem Rüssel pflückt der Elefant seine Nahrung – Zweige und Blätter – von den Bäumen. Eine gute Pumpe ist er auch: Der Elefant saugt damit Wasser auf und spritzt es sich zur Kühlung über den Körper.

- Wenn Elefanten sich begrüßen, berühren sie sich mit ihren Rüsseln.

- Ein Elefantenrüssel ist fast wie eine Hand. Mit seiner Spitze kann ein Elefant sogar so kleine Dinge wie einen Knopf aufheben.

● Ein Kamel mit nur einem Höcker heißt Dromedar.

● Ein durstiges Kamel kann in nur zehn Minuten zehn Eimer Wasser leertrinken!

● Ein zweihöckriges Kamel nennt man Trampeltier.

Warum haben Giraffen einen langen Hals?

Mit ihrem langen Hals kann die Giraffe auch Blätter erreichen, die für andere Tiere zu hoch hängen. So fressen sich die Tiere nicht gegenseitig das Futter weg!

● Die Zunge der Giraffe ist einen halben Meter lang!

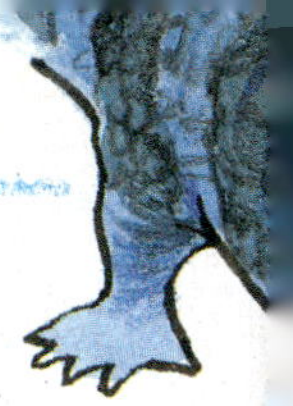

Welche Vögel können auch nach hinten sehen?

Die Augen der Eule sitzen natürlich nicht im Hinterkopf, aber trotzdem kann sie sehr gut nach hinten sehen. Jhr Hals ist so beweglich, dass sie den Kopf fast ein Mal herumdrehen kann!

● Mit ihren großen Augen können Eulen nachts gut sehen. Um diese Zeit gehen die meisten Eulen auf Jagd.

Wie können Fledermäuse im Dunkeln sehen?

Fledermäuse fliegen nicht nur durch die Nacht, ohne irgendwo anzustoßen, sie fangen dabei auch noch Jnsekten. Sie schaffen das, weil sie ihren Weg nicht mithilfe von Licht, sondern von Tönen finden.

● Beim Fliegen stoßen Fledermäuse ständig sehr hohe Schreie aus. Wenn diese Töne auf etwas treffen – zum Beispiel einen Baum –, werden sie zurückgeworfen, und die Fledermaus hört sie als Echo. Weil Fledermäuse sehr gut hören, „hören“ sie so jedes Hindernis und umfliegen es.

Seesterne haben keinen Kopf, aber sie haben Augen. Sie sitzen an den Enden ihrer Arme.

Der Blauzungenskink streckt seine große blaue Zunge heraus, um seine Feinde zu verjagen.

Welche Tiere riechen mit der Zunge?

Schlangen und Eidechsen riechen nicht mit der Nase, wie wir es tun. Stattdessen lassen sie ihre Zunge vor- und zurückschnellen. Die Zunge nimmt Gerüche vom Boden und aus der Luft auf, sodass die Tiere ihre Beute aufspüren können.

Die Ohren der Afrikanischen Elefanten sind die größten der Welt – so groß wie Bettlaken. Elefanten können zwar sehr gut hören, aber sie benutzen ihre Ohren vor allem, um sich abzukühlen. Sie fächeln sich mit ihnen kühle Luft über den Körper.

Transport und Verkehr

Wie weit kann ich in einer Stunde gehen?

Wenn du eine Stunde lang gehst ohne Pausen einzulegen, tragen dich deine Beine etwa vier Kilometer weit. Wenn du schnell läufst oder gar rennst, schaffst du mehr, aber du musst unterwegs sicherlich ein paarmal anhalten, um Luft zu holen. Am leichtesten kommst du mehr als ein paar Kilometer in der Stunde voran, wenn du dich mitnehmen lässt!

- Eine Gartenschnecke bräuchte mehr als drei Tage, um so weit zu kommen, wie du in einer Stunde gehen kannst.

- Auf einem trabenden Pferd kommst du dreimal so schnell voran wie zu Fuß.

- Für die Strecke, die dich ein Jumbo-Jet in einer Stunde bringen würde, müsstest du zehn ganze Tage und Nächte unterwegs sein!

- Radrennfahrer sind mindestens zehnmal so schnell wie du zu Fuß. Sie legen etwa 40 Kilometer in der Stunde zurück.

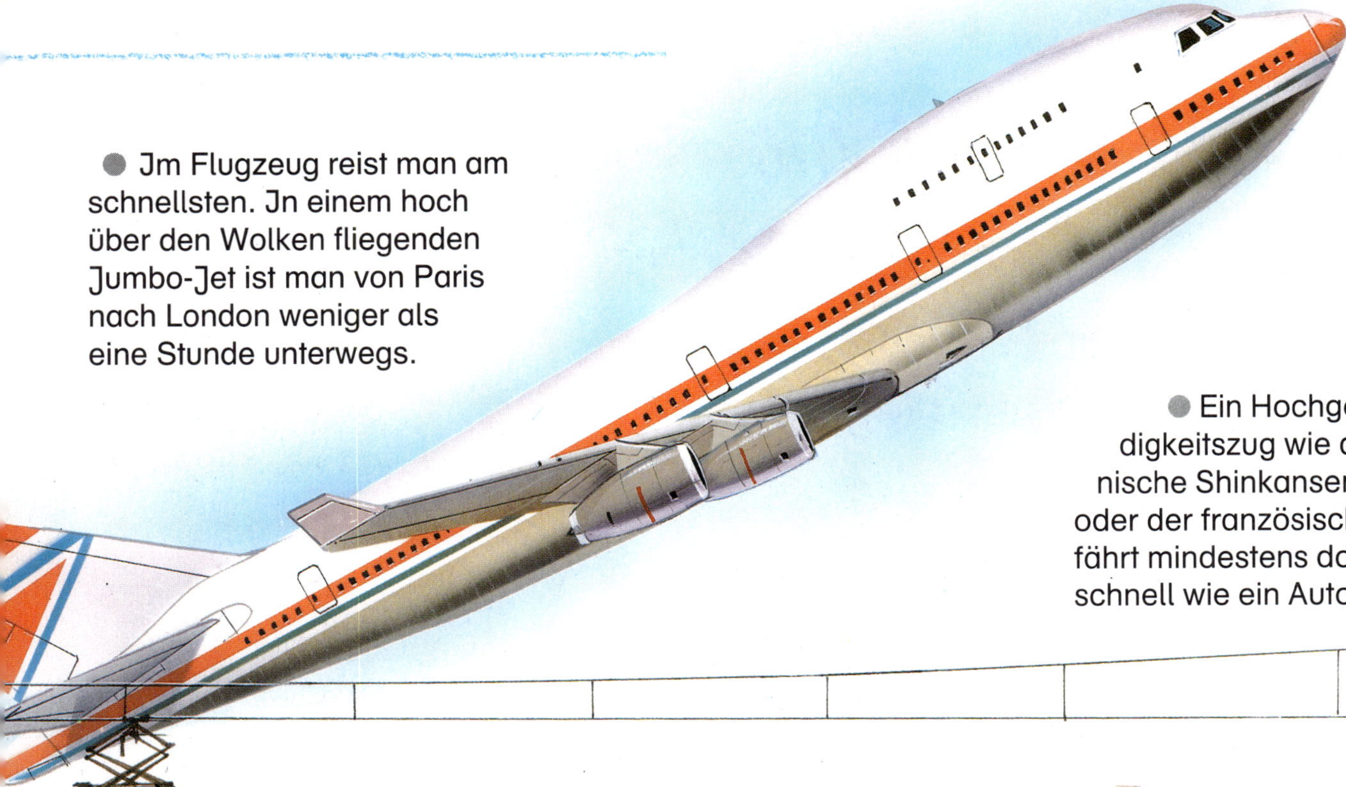

● Jm Flugzeug reist man am schnellsten. Jn einem hoch über den Wolken fliegenden Jumbo-Jet ist man von Paris nach London weniger als eine Stunde unterwegs.

● Ein Hochgeschwindigkeitszug wie der japanische Shinkansen-Express oder der französische TGV fährt mindestens doppelt so schnell wie ein Auto.

● Motoren sind stärker als Muskeln, deshalb können dich Autos viel schneller voranbringen als deine Beine. Auf der Autobahn fährt man mit dem Auto in einer Stunde mehr als 100 Kilometer!

● Auch wenn du einen ganzen Tag im Bett bleibst, bist du rund 2,5 Millionen Kilometer unterwegs! Das ist die Strecke, die unsere Erde in 24 Stunden auf ihrer Bahn um die Sonne durchs All zurücklegt.

Welches ist das schnellste Auto?

Ein britisches Auto namens *Thrust 2* stellte 1983 einen Geschwindigkeits-Weltrekord zu Lande auf. Es wurde von einem Flugzeug-Düsenmotor statt von einem Automotor angetrieben und erreichte fast 1020 Kilometer pro Stunde.

● Das erste Auto, das schneller fuhr als 100 Kilometer pro Stunde, hieß *La Jamais Contente* und wurde von einer Batterie angetrieben. Das war 1899 – vor fast 100 Jahren.

● Schneller als jedes Segelboot sind Surfbretter. Bei günstigem Wind können sie mit über 80 Kilometern in der Stunde übers Wasser gleiten.

Welches ist das schnellste Boot?

Es gibt Rennboote, die über die Wasseroberfläche sausen, fast ohne sie zu berühren. Jm Jahre 1977 erreichte Ken Warby mit seinem düsengetriebenen *Spirit of Australia* 556 Kilometer pro Stunde.

Spirit of Australia

● Die Saturn-Raketen, die in den sechziger und siebziger Jahren Astronauten und ihre Apollo-Kapseln zum Mond brachten, rasten mit der mehr als vierzigfachen Geschwindigkeit eines Jumbo-Jets durchs Weltall. Das Mondauto der Astronauten fuhr dagegen nicht schneller als 16 Kilometer pro Stunde.

Thrust 2

SR-71 A

Welches Flugzeug ist am schnellsten?

Die schnellsten Flugzeuge sind Düsenmaschinen. Der Geschwindigkeits-Weltrekord wurde im Jahre 1976 aufgestellt, als das amerikanische Kampfflugzeug SR-71 A 3530 Kilometer pro Stunde erreichte!

● Ohne Motor kommt man am schnellsten auf Skiern voran.

Warum haben Autos Räder?

Autos, Eisenbahnen und andere Fahrzeuge fahren auf Rädern. Alles, was über den Boden gleitet, wird langsamer. Auf Rädern ist die Fortbewegung rascher und leichter, weil sie rollen und immer nur mit einem kleinen Teil den Boden berühren.

● Stell dir vor, du müsstest ein Auto schieben, das auf dem Boden aufliegt und nicht nur auf seinen Rädern steht!

● Das längste Auto der Welt hat 26 Räder. Hinten gibt es sogar einen kleinen Swimmingpool!

● Schnee und Eis sind viel glatter als Erde und Steine. Deshalb brauchen Skier und Schlittschuhe keine Räder!

Welches sind die größten Reifen?

Die größten Reifen brauchen die riesigen Kipplaster, die schwere Lasten wie Gestein und Erde transportieren. Diese Reifen sind über 3,60 Meter hoch – etwa dreimal so groß wie du!

● Die Schubkarre wurde vor mehr als 1800 Jahren in China für den Transport von schweren Lasten erfunden.

Welche Schiffe haben Räder?

Raddampfer fahren auf Flüssen und Seen. Sie werden von großen Schaufelrädern angetrieben. Wenn die Räder sich drehen, drücken ihre breiten Schaufeln das Wasser nach hinten und treiben das Schiff voran.

Warum brauchen Autos Benzin?

Ein Auto braucht Benzin, so wie du Nahrung brauchst – damit es Energie bekommt, um sich zu bewegen. Obwohl man es dem Benzin nicht ansieht, enthält es viel Energie. Diese Energie wird in einem Motor freigesetzt, damit sich die Räder drehen können.

● Viele Spielzeugautos werden von Batterien angetrieben, in denen Elektrizität gespeichert ist. Es gibt auch große Autos, die auf Batterie laufen, so genannte Elektro-Autos.

● Benzin wird aus Erdöl hergestellt. Die Energie, die das Erdöl enthält, stammt von winzigen Pflanzen und Tieren, die vor Millionen von Jahren gelebt haben.

● Das Benzin befindet sich im Tank. Durch die Benzinleitung wird es zum Motor gepumpt.

● Die größte Tankstelle der Welt steht in Dschidda, Saudi-Arabien. Sie hat über 200 Zapfsäulen.

Was geschieht in einem Automotor?

Das Benzin wird im Motor mit Luft vermischt und dann durch einen elektrischen Funken entzündet. Das Gemisch explodiert mit einem Knall. Diese Explosion bewegt Teile des Motors, die Kolben, sehr schnell auf und ab. Die Kolben drehen eine Stange, die Kurbelwelle. Die Kurbelwelle wiederum dreht die Achsen, die ihrerseits die Räder drehen.

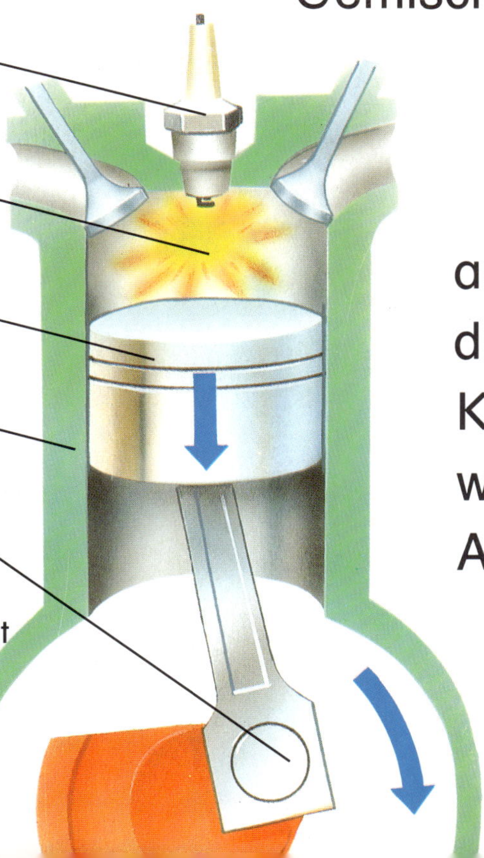

● Jeder Kolben bewegt sich in einem Zylinder auf und ab.

Wie viel Mann können auf einem Motorrad fahren?

Mehr als zwei Mann auf einem Motorrad – das ist schwierig und gefährlich, doch bei besonderen Veranstaltungen wird es manchmal gemacht. Die Motorradsportgruppe der Berliner Polizei hält den Weltrekord: 1990 fuhren 48 Mann auf einer einzigen Maschine!

● Das erste Motorrad mit Benzinmotor wurde 1885 gebaut. Es bestand vorwiegend aus Holz! 1903 ging es in Flammen auf.

Gibt es Motorräder mit drei Rädern?

Ja, es gibt dreirädrige Motorräder. Die kleinen Räder mit breiten Reifen sind für Fahrten in unwegsamem Gelände gut geeignet.

● Auf solchen dreirädrigen Maschinen werden harte Rennen gefahren.

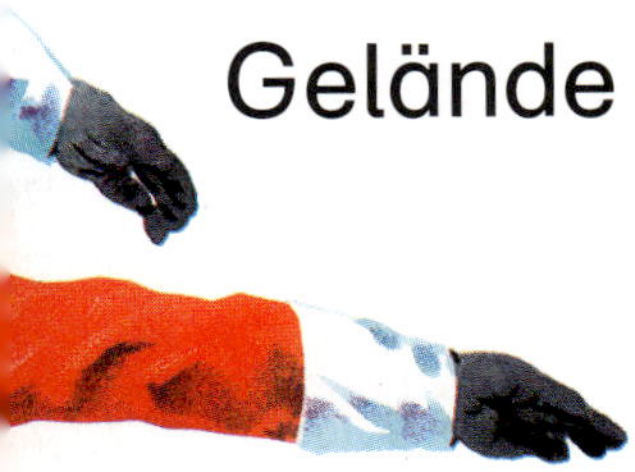

● Manche Fahrer bauen ihre Maschinen mit Teilen verschiedener Modelle um, damit sie auffallen und originell aussehen.

Können Motorräder fliegen?

Motorräder können nicht wirklich fliegen, da sie keine Flügel haben, doch besonders mutige Fahrer führen manchmal halsbrecherische Kunststücke vor. So rasen sie eine schräge Rampe hinauf, heben ab und „fliegen“ auf ihrer Maschine weit durch die Luft.

Gibt es ein Flug-Fahrrad?

Jm Juni 1979 überquerte der Amerikaner Bryan Allen den Ärmelkanal in dem Fluggerät *Gossamer Albatross,* dessen Propeller von Pedalen angetrieben wurde. Allen brauchte für die Strecke von England nach Frankreich zwei Stunden und fünfzig Minuten. Neun Jahre später strampelte der Grieche Kanellos Kanellopoulos mit seinem *Daedalus 88* von der Jnsel Kreta zur Jnsel Santorin.

Gibt es Fahrräder fürs Gebirge?

Mountainbikes (sprich: mauntenbeiks) sind Fahrräder, die vor allem für Fahrten im Gebirge gebaut sind. Jhre Rahmen sind besonders stabil, damit sie in unwegsamem Gelände fahren können. Die dicken Reifen mit knubbeligem Profil rutschen auch in Sand und Schlamm nur wenig.

Auf einem Einrad ist es ein Kunststück, nicht umzukippen!

Die ersten Fahrräder, die vor mehr als 200 Jahren erfunden wurden, hatten noch keine Pedale! Der Fahrer stieß sich mit den Füßen ab.

Wie viele Menschen können auf einem Fahrrad sitzen?

Die meisten Fahrräder sind nur für eine Person gebaut, aber es gibt auch Räder, auf denen mehrere sitzen können. Das längste Rad der Welt wurde in Belgien konstruiert. Es bot Sattel und Pedale für 35 Radler, doch diese hatten große Mühe, das Gleichgewicht zu halten und gleichzeitig die Pedale zu treten.

Welches Fluzgzeug wackelt mit der Nase?

Das superschnelle Flugzeug Concorde kann die Nasenspitze bewegen. Wenn die lange, schlanke Nase nach vorn gerichtet ist, fliegt die Maschine mehr als doppelt so schnell wie ein Jumbo-Jet. Bei der Landung wird die Nase jedoch abgesenkt – sonst sieht der Pilot die Rollbahn nicht!

- Die Concorde wird während des Fluges so erhitzt, dass ihr Rumpf sich streckt und bis zu 28 Zentimeter länger wird.

- Das größte Passagierflugzeug der Welt, die Boeing 747, trägt den Spitznamen Jumbo-Jet – nach dem Elefanten Jumbo, der im 19. Jahrhundert eine der großen Attraktionen des Londoner Zoos war.

Können Flugzeuge die Flügel verstellen?

Ja, es gibt Kampfflugzeuge, die ihre Flügel verstellen können. Flügel, die seitlich abstehen, haben die günstigste Form für den Start und die Landung sowie für den Langsamflug. Wenn die Flügel nach hinten geschwenkt sind, hat das Flugzeug eine glattere Form und kann mit Höchstgeschwindigkeit fliegen.

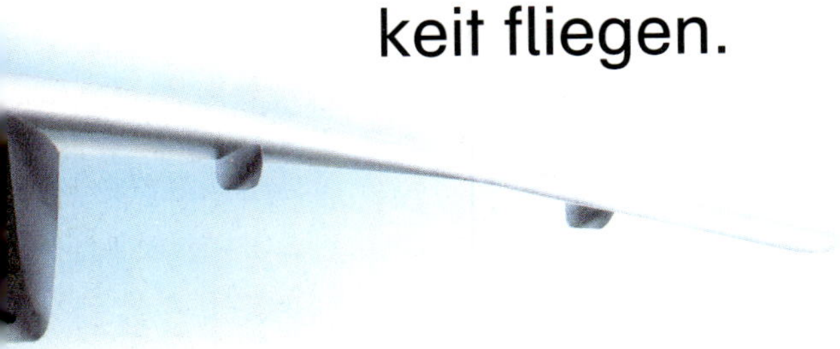

● Vögel haben die besten Schwenkflügel. Ein Wanderfalke breitet seine Flügel aus, damit er in der Luft über seiner Beute „stehen“ kann, legt sie dann eng an den Körper, wenn er im Sturzflug hinabschießt. Dabei erreicht er eine Geschwindigkeit von bis zu 300 Kilometern pro Stunde.

● Das Kampfflugzeug Harrier kann senkrecht starten und landen – ohne Rollbahn!

Warum kippen Züge nicht von den Schienen?

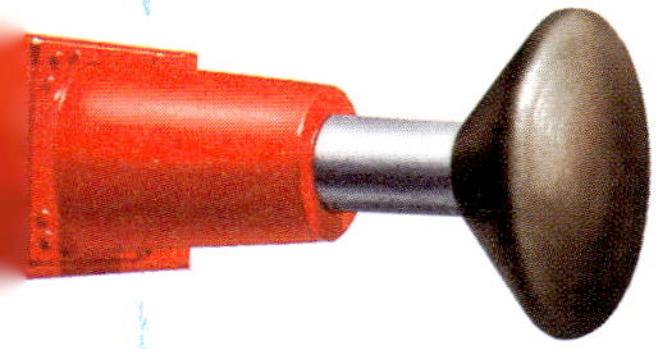

Eisenbahnen haben Räder aus Metall, die auf schmalen, sehr glatten Metallschienen rollen. Damit die Räder nicht von den Schienen rutschen, haben sie an der Jnnenseite einen vorspringenden Rand, Spurkranz genannt.

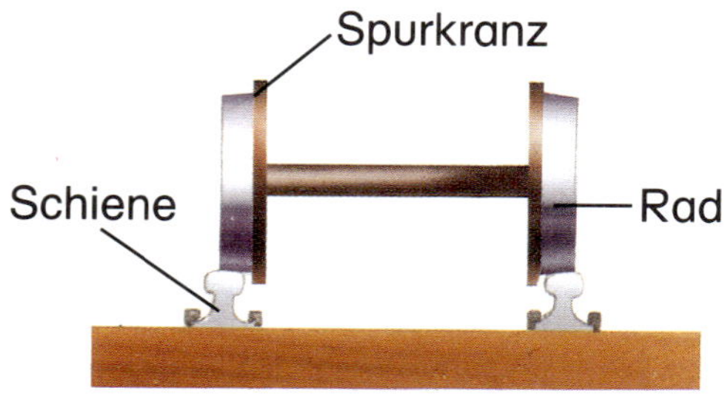

● An guten Tagen legten die Planwagen 20 bis 25 Kilometer zurück.

Früher waren amerikanische Lokomotiven mit einem Kuhfänger ausgerüstet. Mit ihm wurden Hindernisse beiseite geräumt, wie zum Beispiel Rinder, die sich auf den Gleisen verirrt hatten.

Es gibt Bahnen, die steile Berge hochfahren können. Unter der Lok haben sie ein Rad mit Zähnen. Diese greifen in die Lücken einer zwischen den Schienen verlegten Stange.

Was waren Planwagen?

Als sich im 19. Jahrhundert Siedler quer durch Nordamerika auf den Weg nach Westen machten, luden sie ihre ganze Habe auf große, robuste Holzwagen, die mit Planen abgedeckt und von Ochsen oder Maultieren gezogen wurden. Die Siedlerfamilien zogen in Gruppen. Ihre Planwagen bildeten lange Wagenzüge.

Fahren Sattelzüge auf Schienen?

Nein, Sattelzüge fahren auf Straßen. Sie heißen Züge, weil sie aus einem Sattelschlepper bestehen, der mehrere Anhänger zieht – so wie Lokomotiven Waggons ziehen.

● Nicht alle Züge brauchen einen Zugführer. Manche Stadtbahnen werden von Computern gesteuert.

● Australische Sattelschlepper und andere Fahrzeuge sind vorn mit einem starken Gatter ausgerüstet. Es soll verhindern, dass das Fahrzeug beschädigt wird, wenn es in der Weite des Landes mit großen Tieren wie Kängurus oder Rindern zusammenstößt.

- Straßenbahnen sind Wagen mit Metallrädern, die auf Schienen laufen. Zum Fahren brauchen sie Strom, den sie aus Leitungen bekommen, die hoch über den Gleisen verlegt sind.

- Sattelzüge fahren meist in Gegenden, wo es keine Eisenbahnlinien gibt – wie in weiten Teilen des australischen Hinterlandes.

Können Züge schweben?

Es gibt Züge, die keine Gleise mehr berühren. Sie werden durch starke Magnete angehoben und schweben dicht über einer Spezialschiene. Sie sausen sehr schnell durch die Landschaft – mit über 400 Kilometern pro Stunde.

Warum sinken Schiffe nicht?

Gegenstände, die man ins Wasser taucht, schieben so viel Wasser beiseite, wie sie Platz für sich brauchen. Schiffe sind zwar schwer, aber hohl, und sie haben hohe Seitenwände. Darum können sie tief eintauchen und viel Wasser beiseite schieben – man sagt auch: verdrängen. Ein Schiff kann also nicht sinken, es sei denn, es ist überladen und damit schwerer als die verdrängte Wassermenge.

● Wenn du in die Badewanne steigst, verdrängst du Wasser. Deshalb darfst du nicht zu viel Wasser einfüllen!

Wie tauchen Unterseeboote?

Damit ein Unterseeboot abtauchen kann, muss es schwerer sein als das verdrängte Wasser. Man erhöht das Gewicht, indem man Wasser in besondere Tanks pumpt. Wenn das U-Boot wieder auftauchen will, müssen die Tanks geleert werden.

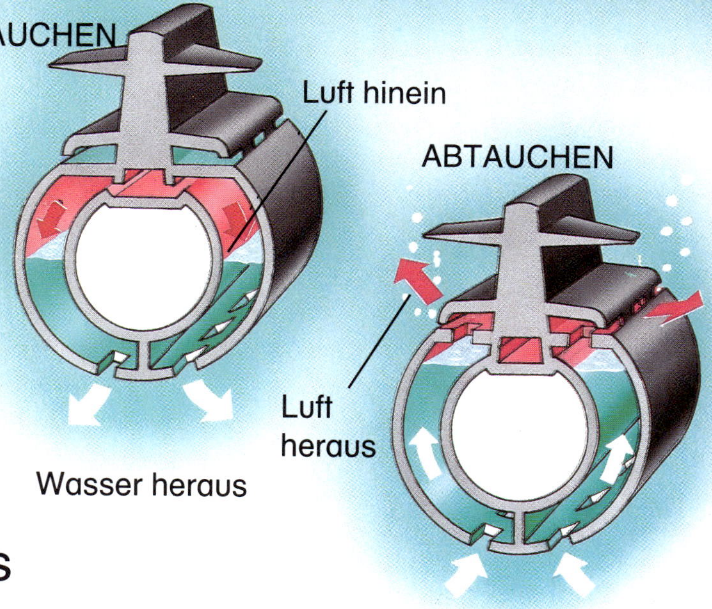

Welche Schiffe fliegen?

Luftkissenboote schweben über das Wasser, ohne ein- zutauchen wie Schiffe. Ein „Kissen“ aus Luft befindet sich zwischen der Wasseroberfläche und dem Boot.

● Ein Luftkissenboot kann ebenso gut über Wasser wie über Land fahren.

● Eines der ersten U-Boote, gebaut von dem Holländer Cornelius van Drebbel, wurde um 1620 in England erprobt. Zwölf Männer ruderten das Boot unter der Oberfläche der Themse.

● Der Taucheranzug wurde vor fast 200 Jahren erfunden. Vom Schiff aus wurde durch einen Schlauch Luft in Helm und Anzug gepumpt, um den Wasserdruck auszugleichen.

Welches sind die größten Schiffe?

Die größten Schiffe der Welt sind Öltanker. Manche sind über 500 Meter lang und wiegen mehr als 1000 Jumbo-Jets. Die riesigen Tanker brauchen manchmal zwanzig Minuten, um zum Stillstand zu kommen.

● Schwimmwesten gibt es erst seit 200 Jahren. Ein französischer Mönch erfand sie. Er unterlegte ein Wams mit Kork, einem Material, das sehr gut schwimmt.

● Manche Tanker sind so groß, dass die Seeleute ihre Wege auf dem Fahrrad zurücklegen!

Was waren Langschiffe?

Wikingerschiffe heißen auch Langschiffe, obwohl sie gar nicht besonders groß waren – keine 30 Meter lang. Die Wikinger lebten vor etwa tausend Jahren in Skandinavien. Sie bauten seetüchtige Schiffe aus Holzplanken und waren geschickte Seeleute.

● Wikingerschiffe wurden gerudert oder gesegelt. Man setzte ein großes viereckiges Segel.

Welches ist das kleinste Boot der Welt?

Jn Jrland gibt es Fischerbötchen, die zu den kleinsten der Welt gehören – in ihnen hat nur eine Person Platz!

● Kriegsschiffe hatten früher vorne und hinten Aufbauten, die wie Burgtürme aussahen. Von ihnen aus konnte das Schiff leichter gegen Feinde verteidigt werden.

● Hängematten gibt es seit etwa 500 Jahren. Europäische Seeleute hatten solche aufgehängten Betten auf den Westindischen Jnseln gesehen.

Register

A

Affen 115
Afrika 29
Alligator 114
Ameisenbär 126
Anazasi 63
Antarktis 20
Anziehungskraft 36, 38, 52
Apollo 51
Äquator 8, 26
Araber 61, 75
Ariane IV, 38
Arzt 102, 103
Asien 18, 27
Asteroid 44, 45
Astronaut 36-37, 39
Astronom 49
Atmen 90
Atmosphäre 24-25
Aufstoßen 101
Augen 85, 94-95
Außenskelett 119
Auto 135, 136, 138, 140-141
Azteken 65, 76

B

Baby 103, 104, 105
Baden 65, 67
Bahn 39, 45, 47
Bakterien 91, 102, 103
Bauchnabel 105
Bauern 68, 69, 71, 79
Benzin 140, 141
Berg 12-13, 18-19

Blauwal 110-111
Blauzungenskink 131
Blinzeln 94
Blitz 22-23
Blut 92-93, 100, 103, 105
Blutegel 123
Blutgefäße 84, 92, 105
Bogenschütze 65
Boing 747, siehe auch Jumbo-Jet
Boot 136, 137, siehe auch Schiff
Buchdruck 80
Buddha, Gautama 73
Burg 62-63, 66
Burggraben 62

C

Chinesen 75
Concord 146

D

Därme 100, 101
Delfin 112
Donner 23

E

Eidechse 131
Einrad 145
Eis 18, 19, 20, 21
Eisberg 21
Eisenbahn 135, 148-149
Elefant 110, 128, 131
Ellenbogen 87
Elliptische Galaxie 41
Erdbeben 10-11
Erde 34, 39, 40, 44, 46-47, 52, 55
Erdinneres 9, 10, 12
Erfindungen 80, 81
Essen 70-71, 98, 99, 100-101
Eule 130
Europa 27

F

Fahrrad 134, 144-145
Fernrohr 49
Fingerabdrücke 85
Fingertier 127
Fisch 113, 116, 117, 122
Fledermaus 123, 130
Flügel 147
Flugzeug 135, 137, 144, 146-147
Franzosen 74, 79
Frosch 114, 116, 121
Fußball 76

G

Galaxie 34, 35, 40-41
Gebärmutter 104, 105
Gebirge 18
Gebirgstiere 19
Gecko 117
Gehirn 84, 95, 96, 97, 98, 99
Geschichtenerzähler 78
Geschmacksknospen 99
Gewitter 22-23
Giraffe 110-129
Gletscher 21
Gravitation 52
Großer Roter Fleck 48
Gutenberg, Johannes 80

H

Haare 85
Hai 112, 119, 120
Harrier 147
Hase 115
Haut 85
Helium 42
Herz 84, 92-93
Himalaya 18, 19
Himmel 24, 25
Hochgeschwindigkeitszüge 135
Höhle 16-17
Höhlentiere 17
Hören 96-97
Hubble-Weltraumfernrohr 49
Hunger 101
Hurrikan 14

I

Inka 69, 71, 75
Insekt 113
Irokesen 76
Irreguläre Galaxie 41

J

Japaner 65, 77
Johanna von Orléans 79
Jumbo-Jet 134, 135, 146
Jupiter 44, 48-49

K

Kamel 128, 129
Kaninchen 115
Kanone 63
Kipplaster 139
Kirche 72, 74
Kleinplanet 44, 45
Klo 66
Knochen 84, 86-87, 88, 89
Komet 44-45
König 68, 69
Königin 68, 69
Kontinent 18
Krake 119
Krampf 89
Krankheit 102-103
Krebs 122
Kriechtiere 113, 114
Krokodil 114
Krone 68, 69
Kröte 114

L

Langschiff 154
Lastwagen 150-151
Lebensformen 46, 54
Lokomotive 149
Luft 15, 24, 25
Luftkissenboot 153
Luftröhre 90, 91
Lunge 84, 90, 91, 92
Lurche 113, 114

M

Magen 84, 100, 101
Magnetschwebebahn 151
Marokkaner 74
Mars 44
Maya 71, 76
Meer 8, 9, 12, 14, 19, 24
Menschenaffen 115
Merkur 44, 47
Milchstraße 40-41
Mittelalter 60
Mond 44, 52
Mondauto 137
Mongolen 74
Moschee 73, 74
Motor 136, 137, 141
Motorrad 142-143
Mountainbike 144
Musikantenknochen 87
Muskeln 84, 85, 88-89, 91, 92

N

Nabelschnur 105
Nahrung, siehe Essen
Nase 84, 85, 91, 98
Neptun 45, 49
Nerven 84, 87, 96, 97, 98, 99
Niesen 91
Nordamerika 14
Nordpol, siehe Pole
Nutzlast 39

O

Ohren 96-97
Öltanker 152, 154
Opossum 124
Orbit 39, 45, 47
Ozonschicht 25

P

Perser 81
Pest 67
Pisan, Christine de 74
Planet 44-47, 48-49, 52
Planwagen 149
Pluto 45
Pole 20-21, 24
Protuberanz 42
Proxima Centauri 55
Python 111

R

Raddampfer 139
Räder 138-139, 145
Rakete 38-39
Raumanzug 36
Raumschiff 36-37, 38-39
Raumsonde 39
Regen 16, 26, 28, 30, 31
Regenwald 26, 27
Reifen 139
Reiher 123
Reiten 134
Religion 72-73
Rennboot 136
Riechen 98
Riesenplanet 49
Ringe 49
Rippen 87
Ritter 64, 65
Roter Riese 47, 50, 51
Rüstung 64, 65

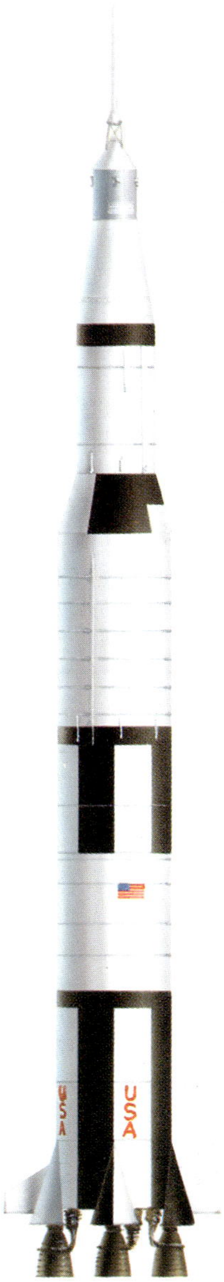

S

Sahara 29
Samurai 65
Satellit 39
Sattelzug 150
Saturn 45, 49
Saturn V, 38
Saturn-Rakete 137
Sauerstoff 24, 25, 90, 93, 105
Säugetiere 112, 115
Schädel 87
Schienen 148
Schiff 139, 152-155, siehe auch Boot
Schlammspringer 117
Schlangen 111, 116, 120, 124, 131
Schlittschuhe 138
Schluckauf 91
Schmecken 98, 99
Schmerz 87
Schmetterling 110
Schnee 18, 19, 20, 21
Schona 63
Schule 74
Schützenfisch 122
Schwarzer Tod 67
Schwarzer Zwerg 51
Schwarzes Loch 52-53
Schwimmen 152
Schwindel 96
Seestern 131
Sehen 94-95
Sehne 89
Seitenstechen 89
Sinne 94-99
Skelett 86-87, 118
Skier 137
Sommersprossen 85
Sonne 25, 44, 45, 46, 47, 50, 51, 54-55
Sonnenfleck 54
Space Shuttle 38
Spinne 122
Spinnrad 81
Spiralgalaxie 40, 41
Spitzmaus 127
Sport 76
Spritzen 103
Stachelschwein 125
Stalagmit 16, 17
Stalaktit 16, 17
Stern 34-35, 40-43, 45, 50-55
    Lebenslauf 50-51
    Zusammensetzung 42-43
Sternbild 42
Sternenlicht 43, 52, 53
Sternhaufen 50
Stinktier 124
Straßenbahn 151
Strauß 110
Südamerika 26, 28
Südpol siehe Pole
Supernova 51
Surfbrett 136

T

Tempel 72, 74
TGV 135
Theater 77
Tiger 120
Toilette 100
Toiletten (Raumschiff) 36
Tornado 14-15
Tränen 94
Treibhauseffekt 24
Tropfstein 17
Türken 65

U

U-Boot 152, 153
Uhr 81
Urknall 34

V

Vampirfledermaus 123
Venus 44
Verdauung, siehe Essen

Verlies 62
Vogel 113, 130
Vulkan 12-13, 20

W

Waffen 62, 63, 64, 65
Wal 110-111
Wald 27-28
Wasserstoff 42
Weißer Zwerg 51
Wikingerschiff 154
Wind 14, 15, 20, 22, 28
Windmühle 81
Wirbellose 118
Wirbelsäule 87
Wirbeltiere 118
Wolke 22, 25
Wüste 28-29

Z

Zähne 99
Zunge 98, 99
Zwerchfell 91